스스로 의지가 약하다고 믿는
모든 사람에게

나는 습관을 조금 바꾸기로 했다

사사키 후미오 지음 | 정지영 옮김

쌤앤파커스

차례

2. 습관이란 무엇인가? · 53

3. 새로운 습관을 몸에 붙이는 50단계 · 87

시작하며

중요한 것은 재능이 아니라 지속이다

천재란 그저 계속 노력할 수 있는 사람을 말한다.
- 앨버트 허버드Elbert Hubbard

나는 항상 나에게 재능이 없다고 믿었다. 무슨 일을 해도 진득하게 계속하지 못해서 운동에서든, 공부에서든 뚜렷한 결과를 남기지 못했기 때문이다. 그러나 습관을 배워가면서 생각이 바뀌었다. 지금 나에게 재능이 있든 없든, 그것은 큰 문제가 아니다. 재능은 주어지는 것이 아니라 꾸준히 습관을 들여 만들어가는 것이기 때문이다.

나는 사카구치 교헤이라는 작가를 좋아한다. 그는 일반적인 작가들이 쓰는 것과는 전혀 다른 말을 조합해서 소설을 쓴다. 기타를 치면서 사람의 심금을 울리는 곡을 만들고, 현대 미술가 못지않은 그림도 그린다. 최근에는 의자를 만들고 뜨개질까지 한다고 한다. 정말이지 천재 같다.

그러나 사카구치도 무언가를 처음 시작할 때마다 주변에서 못마땅해했다. 그의 아버지는 "재능이 없으니 작가 같은 건 관둬라."라고 했고, 동생은 "총을 여러 발 쏘다 보니 운 좋게 한 발 맞았을 뿐."이라고 했다고 한다. 그런 사카구치가 입버릇처럼 하는 말이 있다.

"중요한 것은 재능이 아니라 지속이다."

야구선수 스즈키 이치로도, 작가 무라카미 하루키도, 자기 분야의 최전선에서 활약하는 사람들은 누구나 자신이 천재가 아니라고 한다. 그런데도 우리는 항상 천재 이야기에 매료된다. 주인공이 분노를 통해 재능에 눈을 뜨는 《드래곤볼》, 싸움만 하던 주인공이 갑자기 자신의 굉장한 점프력을 깨닫게 되는 《슬램덩크》, 선택받은 자가 돌연 자신의 능력을 발견하는 '매트릭스' 같은 할리우드 영화를 보고 열광한다. 하지만 현실의 천재들은 조금 다르다. 그들은 열심히 노력하고 있다.

그렇다면 과연 나에게는 계속 노력할 능력이 있을까? '재능'과 '노력'이라는 말도 잘못 사용되고 있다. 재능은 하늘에서 주어진 것이 아니며, 노력은 이를 악물어야 할 만큼 괴로운 일이 아니다. 나는 그 점을 습관이라는 주제로 명백히 밝히고 싶다. 그리하여 재능과 노력을 평범한 사람들에게 되찾아주고 싶다. 내가 소개하는 방법은 누구나 얼마든지 쉽게 터득할 수 있다. 이 책의 내용을 간단히 정리하자면 다음과 같다.

- '재능'은 주어지는 것이 아니라 '노력'을 거듭한 끝에 만들어지는 것이다.
- '노력'은 '습관'이 생기면 지속할 수 있다.
- '습관'을 만드는 방법은 배울 수 있다.

나는 전작 《나는 단순하게 살기로 했다》를 쓰면서 돈과 물건의 콤플렉스에서 해방되었고 이 책을 쓰면서 노력과 재능의 콤플렉스에서 해방되길 바랐다. 그럼, 이제 시작해보겠다.

일러두기

이 책을 읽는 방법

습관을 들이는 것이 그렇듯이 이 책 역시 처음이 가장 어렵다.
나쁜 습관을 버리고 좋은 습관을 새로 만드는 방법만
빠르게 알고 싶은 사람은 3장만 읽어도 된다.

1장 : 우리는 어떤 습관을 들이고 싶어도 작심삼일이 되는 경우가 많다. 사람들은 그 이유를 '의지력이 약하기 때문'이라고 말한다. 약하거나 강하다고 표현되는 '의지력'은 도대체 무엇일까?

2장 : 습관이란 무엇인지 생각한다. 그리고 의식의 문제를 살펴본다. 습관이란 거의 생각하지 않고 하는 행동, 즉 의식하지 않고 하는 행동이기 때문이다.

3장 : 원하는 습관을 만들기 위한 과정을 50단계로 나누어 설명한다. 나쁜 습관을 버리거나 새로운 습관을 만들 때, 어떤 경우든 활용할 수 있다. 습관 만들기의 핵심만 정리했다.

4장 : 습관을 만들면서 깨달은 '노력'과 '재능'의 의미를 다시 알아본다. 습관에는 목표달성을 넘어 좀 더 깊은 의미가 있다.

1장

의지력은 태어나면서부터 정해져 있는가?

ARE WE BORN WITH WILLPOWER?

퇴사 후, 게으른 생활을 즐기다

"나는 내가 되고 싶다고 생각했던 그대로의 인간이다."

내가 가장 좋아하는 영화감독 클린트 이스트우드Clint Eastwood는 이런 말을 했다. 나는 도저히 할 수 없는 말이지만 그래도 지금의 나는 예전의 내가 보내고 싶었던 하루를 그대로 보내고 있다. 나의 하루를 소개한다.

주말이나 공휴일도 변함없이 매일 비슷한 하루를 보낸다. 친구와 만나거나, 행사를 하러 나가거나, 여행처럼 특별한 일정이 있을 때가 휴일이다. 대개 일주일에 하루 정도 쉰다. 나는 지금 38세이고 독신이다. 혼자 살고 있고 글쓰기를 업으로 삼고 있다.

독신이고 프리랜서라면 누구나 이 정도 생활은 할 수 있다고

나의 하루 스케줄

05:00 기상→요가
05:30 명상
06:00 원고 쓰기 또는 블로그에 글쓰기
07:00 청소→샤워→세탁→아침식사→도시락 만들기
08:00 일기 쓰기→영어 말하기→뉴스나 SNS
09:10 파워냅
09:30 도서관으로 '출근'
11:30 점심식사
14:30 도서관에서 '퇴근'
15:00 파워냅
15:30 헬스장 가기
17:30 슈퍼에서 장보기, 메일 답장, SNS
18:00 저녁식사 후 영화감상
21:00 요가매트에서 스트레칭
21:30 취침

생각할지 모른다. 그러나 내가 동경하던 '자유'와 '시간'을 얻었을 때의 상황은 지금과 완전히 달랐다.

2016년, 나는 근무하던 출판사를 그만두고 프리랜서 작가를 시작했다. 보너스와 퇴직금을 받은 직후라서 당분간 돈 걱정은 접어둘 수 있었다. 아무리 잠을 많이 자도 잔소리할 사람이 없었고, 어디에 놀러 가든 자유였다. 편집자로서 눈코 뜰 새 없이 12년을 달려왔으니 한동안 느긋하게 지낸다고 해서 크게 잘못된 일은 아닌 듯했다.

그래서 다이빙, 서핑, 마라톤 등 시간이 있으면 하고 싶었던 버킷리스트에 다양하게 도전했다. 자동차 운전, 채소 기르기, DIY 등 새롭게 배운 일도 많았다. 도쿄에서 교토로 이사한 터라 주변 간사이 지역의 낯선 장소를 둘러보는 시간도 즐거웠다.

이런 생활은 이상적으로 보일 수도 있다. 복권에 당첨되거나 은퇴한 후에 이렇게 살고 싶은 사람도 많을 것이다. 하기 싫은 일은 하지 않고, 하고 싶은 일만 마음껏 하는 생활 말이다.

전혀 즐겁지 않은 자유시간

편집자 시절에는 점심을 먹은 뒤 잠깐의 휴식시간에 책을 읽는 것이 큰 즐거움이었다. 그래서 일을 그만두면 즐거운 시간이 좀 더 늘어날 줄 알았는데, 현실은 달랐다. 온종일 언제라도 책을 읽을 수 있게 되자 오히려 선뜻 손이 가지 않았다. 사람들은 시간만 있으면 무슨 일이든 해낼 거라고 착각하는데, 시간이 지나치게 많으면 도리어 하지 못하는 일도 있다.

매일 해야 할 일을 찾아내는 것도 힘들었다. 자질구레한 일을 찾아서 처리하고, 재밌어 보이는 곳에 찾아갔지만 이내 그것도 지루해졌다. 그래서 멍하니 지내는 시간이 늘어났다. 스트레칭용 공을 천장에 던졌다 받기 일쑤였다. 능숙해진 일은 이것뿐이었다. 어느 날은 점심 무렵부터 집 근처 온천에 가서 몸을 담갔는데 전혀 즐겁지 않았다. 그도 그럴 것이 내게는 풀어야 할 스트레스도, 피로도 없었기 때문이다.

어느 연구에 따르면, 자유시간이 하루 7시간 이상일 때 오히려 행복도가 떨어진다고 한다. 나는 이 말에 정말 뼈저리게 동감한다. 시간적인 여유와 하고 싶은 일을 할 수 있는 자유는 행복의 조건이다. 그러나 그것도 과도하면 행복에서 멀어진다.

부자유에서 벗어난 뒤에는 자유의 고통이 기다리고 있었다. 마하트마 간디는 "게으름은 즐겁지만 괴로운 상태다. 행복해지려면 무언가를 하고 있어야 한다."라고 말했다.

그의 말처럼 그 시간은 즐거웠지만 매우 괴로웠다. 내가 처음 심은 채소는 도통 자라지 않았다. 나는 그 채소가 어쩐지 내 모습 같았다. 내가 원한 모습은 이게 아니었다.

우리는 자주 "좋아하는 일만 하자."고 말한다. 이것은 분명 옳은 말이지만, 편안한 일만 하자는 의미와는 전혀 다르다.

미니멀라이프 다음은 '습관'이다

미니멀라이프를 실천하면서 내 마음은 안정되어 갔다. 미니멀라이프는 말 그대로 꼭 필요한 최소한의 물건만 가지고 생활하는 것을 말한다. 집에 있는 물건을 줄이고, 정리하고, 청소하는 습관을 들였다. 마음과 방의 상태는 이어져 있다. 항상 깨끗한 방은 내가 우울함의 밑바닥까지 떨어지지 않도록 해주는 안전망이 되어주었다. 물건을 줄인 것은 정말 다행이었다.

술을 끊은 것도 도움이 되었다. 술을 끊지 않았다면 나는 대낮부터 술을 들이켜며 허전함을 달랬을 것이다. 나에게 부족한 것은 일상의 보람이었다. 성장하고 있다고 느낄 만한 일이 필요했다. 사실 나도 알고 있었다. 꾀병을 부려서 학교를 쉬면 그것이 통한 순간에는 기쁘지만, 마음이 점점 무거워진다. 마찬가지로 일할 마음이 내키지 않을 때 적당한 용무를 화이트보드에 써놓고 퇴근하는 것은 좋았지만, 돌아가는 길에 자책감이 밀려왔던 적도 한두 번이 아니었다.

내가 미니멀리즘 다음으로 '습관'이라는 주제를 고른 것은 운명과도 같았다. 이 주제가 없었다면 내 마음은 미니멀리스트가 되기 전의 황폐했던 모습으로 돌아갔을지도 모른다.

물론 나는 지금 프리랜서이고, 여러분이 처한 상황은 다를 수 있다. 예를 들어 워킹맘이라면 도저히 따라할 수 없다고 말할지도 모른다. 그러나 습관은 시간과 에너지가 충분하다고 해서 생기는 것이 아니다. 오히려 그것이 방해가 되기도 한다. 내가 습관을 들이기 위해 고군분투하면서 배운 지혜가 업무나 육아로 바쁜 사람에게도 도움이 될 거라고 믿는다.

왜 새해 다짐은 항상 실패할까?

나는 이제까지 해마다 모든 새해 다짐에 실패해왔다.

- 일찍 일어나고, 규칙적으로 생활한다.
- 방을 깨끗한 상태로 유지한다.
- 과식하지 않고 과음하지 않으며 적정 체중을 유지한다.
- 규칙적으로 운동한다.
- 공부나 업무를 미루지 않고 처리한다.

누구나 수면, 청소, 식사, 운동, 공부, 업무와 관련된 바람직한 습관을 만들고 싶어 한다. 문제는 왜 그것이 그토록 어려운가

하는 것이다. 나 역시 새해가 되면 매년 목표를 세웠다. 그러나 2014년에 시행한 어느 조사에 따르면 그 목표가 달성될 가능성은 고작 8%라고 한다. 내 목표도 항상 달성되지 못한 92% 중 하나였다. 새해의 다짐은 매년 그 내용이 달라지지 않았다.

나는 계속 내 의지가 약하다고 생각했다. 목표를 달성하지 못할 때 사람들은 "나는 의지가 약해."라고 말한다. 세상에는 의지가 강한 사람과 약한 사람이 있다는 사고방식에서 비롯된 말이다.

의지력이란 과연 무엇이며, 어떻게 작동하는 걸까? 조금 복잡하지만 상세하게 검토해보겠다.

모든 것은 '보상'과 '벌칙'

좋은 습관을 만드는 것은 왜 어려울까? 그것은 눈앞에 있는 보상과 나중에 얻는 보상이 모순되기 때문이다. 보상과 벌칙이라는 키워드는 습관을 생각할 때 빠뜨릴 수 없는 주제다.

- 맛있는 음식을 먹거나 잠을 충분히 잔다.
- 돈이 생긴다.
- 좋아하는 사람이나 동료와 교류한다.

- SNS에서 '좋아요'를 받는다.

이것은 전부 보상이며, 단순히 기분 좋은 일이라고 생각하면 된다. 인간이 하는 모든 행동은 어떤 보상을 얻기 위한 것이다. 문제는 그것이 모순될 수 있다는 점이다.

눈앞에 놓인 과자를 먹는 일도 보상이지만, 과자의 유혹을 참아내고 건강한 육체나 매력적인 스타일을 손에 넣는 일 또한 보상이다. 과식을 한 탓에 살이 찌거나 병에 걸리는 일은 벌칙이라고 할 수 있다. 눈앞의 보상만 즐기면 훗날의 보상을 얻을 수 없을뿐더러 언젠가 벌칙을 받는 사태에 이른다.

사람들은 자신이 해야 할 행동 자체는 알고 있다.

- 음식을 먹고 싶은 욕구를 참고 살을 뺀다.
- 빈둥거리지 않고 운동한다.
- 밤늦게까지 게임하지 않고 아침에 일찍 일어난다.
- 스마트폰이나 게임하는 시간을 줄이고 공부한다.

그러나 우리는 이것을 쉽게 하지 못한다. 아침에 일찍 일어나면 여유롭게 준비해서 붐비지 않는 전철을 탈 수 있는데(보상), 눈앞의 '5분만 더 자자.'(보상)를 이기지 못하고 알람을 끄고 만다. '이걸 마시면 내일 숙취에 시달릴 텐데.'(벌칙)라고 생각하면서도 손에 든 와인(보상)을 내려놓지 못한다. 숙제나 업무를 뒤로 미루면 나중에 자신이 곤혹스러워질 것(벌칙)을 알고 있어도 스마트폰이나 게임(보상)을 계속한다.

좋은 습관을 들이지 못하는 까닭은 사람이 눈앞의 보상에 굴복하기 때문이다. 눈앞에 보상이 어른거리지만 나중에 보상을 얻거나 벌칙을 피하고자 그것을 끊어내는 사람에게 우리는 '의지가 강하다.'고 말한다.

오늘은 사과 1개, 내일은 사과 2개

학교에서 돌아온 아들에게 엄마가 이런 말을 했다고 치자.

"어서 와! 놀러 나가기 전에 먼저 숙제부터 끝내면 1년 후에 케이크를 먹어도 돼."

아이는 어떻게 할까? 당연히 숙제를 하지 않고 친구들이 기다리는 공터로 뛰어나갈 것이다. 사람은 나중에 돌아올 보상을 제대로 상상하지 못한다. 때문에 나중에 돌아올 보상보다 눈앞의 보상을 높게 평가하고 이를 선택한다. 이 문제와 관련해, 행동경제학자 리처드 탈러Richard H. Thaler는 사과를 이용한 실험을 했다. 여러분이라면 어떤 선택지를 고를지 한번 생각해보자.

[문제1]

ⓐ 1년 후에 사과 1개를 받는다.

ⓑ 1년이 지나고 그다음 날 사과 2개를 받는다.

이 질문을 받은 사람들은 대부분 ⓑ를 골랐다. 1년이나 기다렸으므로, 추가로 하루 더 기다리는 것은 힘들지 않고, 그렇게 해서 사과가 2개가 된다면 그쪽이 낫다고 판단했다.

[문제2]

ⓐ 오늘 사과 1개를 받는다.

ⓑ 내일 사과 2개를 받는다.

이런 선택지가 주어지면 [문제1]에서 ⓑ를 고른 사람이라도 ⓐ를 고르는 사람이 많아진다. '하루 기다리면 추가로 사과를 1개 더 받을 수 있다.'는, 필요한 행위와 보상은 [문제1]과 완전히 같은데, 대답이 바뀌는 것이다. 물론 사과를 싫어하는 사람도 있으니 누구라도 좋아할 돈으로도 실험해보았다.

ⓐ 금요일에 현금 1,000엔을 받는다.

ⓑ 다음 주 월요일(즉 3일 후에) 25% 많은 현금 1,250엔을 받는다.

흥미로운 것은 질문한 날이 금요일 이전이라면 대부분 합리적으로 ⓑ를 고르는데, 금요일에 질문을 받으면 60%의 사람이 마음을 바꾸어서 당장 받을 수 있는 낮은 액수의 현금을 고른다는 점이다. 이 책을 읽고 냉정함을 찾았다면 ⓑ를 고를지도 모른다. 하지만 눈앞에 1,000엔짜리 지폐가 팔랑거린다면 어떨까?

일단 눈앞의 보상이 중요하다

1년 후에 받을 수 있는 사과는 상상이 잘 되지 않고, 자신과는 관계없는 기분이 들기 때문에 하루 더 기다리는 쪽을 고를 수 있다. 나중에 돌아오는 보상은 기간이 멀어질수록 가치가 없어 보인다. 이것은 보상뿐 아니라 벌칙도 마찬가지다. 여름방학 숙제를 꾸준히 하지 않으면 개학을 앞둔 8월 말이 되어서 안절부절못하지만, 7월에는 8월 말에 자신이 안절부절못하는 모습을 잘 상상하지 못한다.

담배를 피우면 폐암에 걸릴지도 모르고, 단것만 먹으면 당뇨병에 걸릴지도 모르지만, 먼 미래의 벌칙은 가볍게 느껴진다. 그보다 당장의 니코틴이나 당질이 더 큰 가치를 가진다.

이런 식으로 눈앞의 보상을 과대평가하고, 나중에 받을 보상이나 벌칙을 과소평가하는 성질을 행동경제학에서는 '쌍곡형 할인Hyperbolic Discounting'이라고 부른다. 사람은 컴퓨터처럼 합리적으로 가치를 판단할 수 없다. 눈앞에 놓인 사과는 지금 당장 먹고 싶고, 3일 후에 1,250엔을 받기보다 지금 당장 1,000엔을 갖고 싶다. 어쨌든 기다리기 싫은 것이다.

그리고 보상이 아주 멀리 있으면 보상을 위한 행동을 오늘 하기가 어렵다. 눈앞에 있는 맛있는 음식을 참아내도, 오늘 5km를 달려도 내일 체중이 1kg 빠지지는 않는다. 1kg이 빠지는 것은 1개월 후일지도 모르고, 3개월 후일지도 모른다. 다이어트, 운동, 규칙적인 생활, 공부나 업무를 뒤로 미루지 않는 일 등 바람직한 습관을 들이는 것이 어려운 까닭은 이 쌍곡형 할인이라는 인간의 성질로 설명할 수 있다.

나중에 받을 보상을 기다리지 못하는 이유

그렇다면 어째서 쌍곡형 할인이라는 번거로운 사고방식이 사람의 내면에 핵심적으로 자리 잡고 있을까? 그것은 수렵, 채집을 하던 먼 옛날의 인간과 현대를 살아가는 인간의 구조에 아직 큰 차이가 생겨나지 않았기 때문이다. 인류 문명은 5,000년 정도에 지나지 않고, 그것은 인류 역사의 0.2%에 지나지 않는다. 그래서 인간 몸과 마음의 99%는 수렵생활에 적합하게 길들어 있다. 종이 진화하려면 수만 년이 걸린다. 따라서 우리는 먼 옛날에 유효했던 전략을 지금도 무의식중에 사용하고 있는 것이다.

그 시절, 살아남기 위해 필요했던 것은 무엇보다도 음식을 얻는 일이었다. 그런 시대에는 또 언제 얻을 수 있을지 모르는 음식을 발견하면 즉시 먹는 것이 효과적인 방법이었을 것이다.

그러나 현대는 사정이 전혀 다르다. 선진국일수록 사람들은 먹는 일 자체에 곤란을 겪지 않는다. 슈퍼나 편의점에는 칼로리가 높고 맛있는 식품이 넘쳐난다. 지금 필요하다고 여겨지는 것은 그런 유혹을 가능한 한 피하고 운동을 해서 쓸데없는 칼로리를 소비하는 일이다. 그것이 병에 걸리지 않고 살아남기 위한 새로운 비결이 되었다.

사실 칼로리를 필요한 만큼 얻은 후에는 고양이처럼 자는 것이 가장 효율적이다. 그러나 인간은 고양이와 달리 계속 잠을 자면 살아갈 수 없는 사회를 만들어냈다. 인간이 하는 일이 고도로 전문화되었기 때문에 지루함을 참고 공부하거나 어려운 자격시험에 도전해야 한다. 그렇게 하면 업무에 유리한 자격증을 손에 넣거나 고액의 연봉을 받을 수도 있다.

당장 내일 육식동물에게 공격받아 죽을지도 모르는 시대의 남성에게 연애를 즐기거나 독신생활을 만끽할 여유 따위는 없었을 것이다. 자신을 받아줄 여성을 발견하면 재빨리 성관계를 맺어서 아이를 만드는 것이 효과적인 전략이었다. 그러나 현대에 그런 성급한 남성은 당연히 받아들여지지 않는다.

사회라는 게임의 규칙은 눈앞의 보상에 달려들지 않고 멀리 있는 보상을 얻는 것으로 변경되었는데, 플레이어들의 성질은 바뀌지 않았다. 그래서 쌍곡형 할인 같은 괴로운 현상이 일어난다.

마시멜로를 먹을까? 말까?

그런데 이 새로운 게임 규칙에 빠르게 대응하는 사람들도 있다. 목표를 달성하기 위해 노력할 수 있는 '의지가 강한' 사람들이다. 눈앞의 보상에 굴복하는 사람과 나중에 돌아올 보상을 기다리는 사람들은 무엇이 다를까?

이 문제에 관해 심리학자 월터 미셸Walter Mischel이 시행한 마시멜로 실험이 유명하다. 마시멜로 실험은 이 책의 중심적인 주제 중 하나이므로 주목하기 바란다. 이 실험은 1960년대에 스탠퍼드 대학의 빙 유아원Bing Nursery School에서 4~5세의 아이들을 대상으로 이루어졌다. 먼저 마시멜로, 쿠키, 프레즐 등의 과자 중에서 아이들에게 자신이 가장 먹고 싶은 것을 하나 고르게 한다. 그리고 그 과자(여기에서는 마시멜로를 대표로 든다.)를 아이가 앉는 테이블 위에 하나 놓는다. 그리고 아이들에게 다음의 선택지를 고르게 했다.

ⓐ 눈앞의 마시멜로 1개를 바로 먹는다.

ⓑ 마시멜로 1개를 먹지 않고 연구자가 돌아올 때까지 15분 동안 혼자 기다려서 마시멜로 2개를 받는다.

마시멜로의 옆에는 벨이 놓여 있다. 먹고 싶은 욕구를 참지 못하면 벨을 누르고 바로 1개의 마시멜로를 먹어도 된다. 연구자가 돌아올 때까지 자리에 앉아 마시멜로를 먹지 않으면 마시멜로

2개가 상으로 주어진다.

이 실험이 중요한 이유는 눈앞에 있는 보상에 유혹되지 않고 나중에 커다란 보상을 얻는, 습관을 들이는 데 필요한 기술이 여기에 응축되어 있기 때문이다. 아이들은 마시멜로의 냄새를 황홀한 듯이 맡아보거나 베어 먹는 흉내를 내기도 했고, 손에 붙은 마시멜로 가루를 핥아 먹으면서 기다렸다. 마시멜로를 계속 지켜보던 아이는 대개 실패했다. 한 입 베어 무는 것을 허용하는 순간 더는 멈추지 못한다. 먹고 싶은 것을 먹을 수 없는 딜레마 앞에서 턱을 괴고 고민하는 모습은 어른들의 모습과 다르지 않았다.

실험에서 아이들이 기다린 시간은 평균 6분으로, 3분의 2의 아이들이 기다리지 못하고 눈앞에 있는 마시멜로 1개를 먹고 말았다. 남은 3분의 1은 2개의 마시멜로를 손에 넣었다.

마시멜로 실험으로 미래를 예측할 수 있을까?

이 실험이 재밌는 점은 여기부터다. 마시멜로 실험을 받은 아이들을 오랫동안 추적 조사한 결과 놀라운 결과가 나왔다. 어릴 때 마시멜로를 기다린 시간이 길수록 SAT(미국의 대학입학 자격시험)에서 높은 점수를 받은 것이다. 15분 동안 기다렸던 아이는

30초 만에 탈락한 아이들과 비교해서 SAT의 성적이 210점이나 높았다고 한다.

끝까지 기다린 아이는 친구들과 교사에게 호감을 받았고, 더 높은 급여를 받는 직업을 얻었다. 중년이 되어서도 적당한 체중을 유지해서 BMI(체중을 신장의 제곱으로 나눈 값으로 비만도를 측정하는 방법 - 옮긴이)가 더 낮았으며, 약물을 남용할 소지도 적었다. 4~5세 때 받은 실험으로 아이가 어떤 인생을 보낼지 대강 예상할 수 있다니 무섭기까지 하다.

뉴질랜드에서는 1,000명의 아이를 태어난 뒤부터 32세까지 추적, 조사했다. 마찬가지로 자기제어 능력이 높은 아이들은 성인이 되어서도 비만율이 낮았고, 성병에 걸린 사람도 적었으며, 치아상태 등의 건강상태도 좋았다.

이 결과를 보고 나는 포기하고 싶은 마음이 들었다.

'눈앞의 유혹을 뿌리치고 나중에 돌아올 보상을 얻는 능력은 태어날 때부터 정해져 있구나. 내게 좋은 습관이 생기지 않는 이유를 알았어.' 그러나 신선한 결과와는 모순되게 여러 가지 의문이 생겨났다. 내가 생각한 것은 다음 2가지 의문이다.

ⓐ 기다린 아이들이 의지력을 사용해서 눈앞에 놓인 마시멜로의 유혹을 뿌리쳤다고 생각할 수 있다. 그런 의지력이 있다면 그것은 어떻게 작용하는 것인가? 의지력이 약한 탓에 바람직한 습관이 생기지 못한다면 의지력에 대한 이해가 습관에 대한 이해도 깊게 해줄 것이다.

ⓑ 그 의지력은 이미 4~5세에 정해져서 나중에 습득할 수 없는 것인가?

의지력은 사용하면 줄어드나?

먼저 ⓐ에 대해 생각해보자. 아이들이 눈앞의 유혹을 뿌리치는 데 사용되었다고 추측되는 의지력은 어떻게 작용할까?

의지력의 문제를 생각하는 데에는 '래디시(radish, 무) 실험'이 가장 유명하다. 심리학자 로이 바우마이스터Roy Baumeister가 초콜릿 쿠키와 무를 이용해서 시행한 실험이다. 테이블 위에 쿠키와 생무를 올려놓고 공복의 대학생들을 그 앞에 앉도록 했다. 방에는 갓 구운 쿠키의 달콤한 향기가 감돌았다. 학생들은 세 그룹으로 나뉘었다.

ⓐ 초콜릿 쿠키를 먹어도 되는 그룹

ⓑ 생무만 먹어야 하는 그룹

ⓒ 공복 상태로 아무것도 먹을 수 없는 그룹

ⓑ그룹에게는 애석하게도 "쿠키는 다음 실험에서 사용하므로 생무만 먹어야 한다."라고 했다. 그룹 안에서 쿠키를 먹은 사람은 없었지만, 냄새를 맡거나 실수로 쿠키를 바닥에 떨어뜨리는 사람은 있었다. 쿠키에 유혹된 것은 명백해 보였다.

다음으로 각각의 학생들은 다른 방에서 도형 퍼즐을 풀도록 지시받았다. 이 퍼즐은 심술궂게도 풀리지 않게 만들어져 있었다. 확인하려던 것은 퍼즐을 풀기 위한 지능이 아니었다. 그들이 얼마 만에 어려운 과제를 포기하는지를 확인하려는 것이었다.

쿠키를 먹은 ⓐ그룹 학생들과 아무것도 먹지 못한 ⓒ그룹 학생들은 평균 20분 동안 퍼즐에 몰두했다. 반면에 쿠키를 먹지 못하고 참아야 했던 ⓑ그룹은 평균 8분밖에 몰두하지 못하고 포기했다.

이 실험은 오랫동안 이런 식으로 생각되었다. 생무밖에 먹지 못한 그룹은 먹고 싶은데 먹을 수 없는 쿠키를 참느라 이미 상당한 의지력을 사용했다. 그래서 의지력이 필요한 난해한 퍼즐을 이어서 풀게 하자 도중에 단념하고 만 것이다. 결국 의지력은 한

정된 자원 같아서 사용하면 할수록 줄어든다고 생각되었다.

의지력이 유한하다는 것은 어렵지 않은 발상이다. 자동차에 들은 휘발유를 생각해도 된다. 자동차가 달리면 달릴수록 줄어드는 것이다.

이것은 우리가 일상에서 무심코 하고 있는 행동을 완벽히 뒷받침해준다. 회사에서 야근이 이어지면 퇴근길에 편의점에 들러 과자나 단것을 사 먹거나 술을 잔뜩 마시기도 한다. 그럴 때는 다른 사람의 사소한 행동에 대해서도 쉽게 화가 난다.

한 실험에서 시험기간에 스트레스를 받은 학생들은 운동을 하지 않았고, 담배나 정크푸드의 소비량이 증가했으며, 양치질이나 면도도 대충 했다고 한다. 늦잠을 자거나 충동구매하는 횟수도 늘어나는 모습을 보였다.

누구라도 이런 경험을 한 적이 있을 것이다. 적어도 나는 이런 적이 많다. 이런 모습들을 통해 분명 의지력은 줄어든다고 생각할 수 있다. 누구나 복잡한 계산이나 창조 등 어려운 일을 오랫동안 계속할 수는 없다. 확실히 에너지가 소모되며 휴식과 수면이 필요해진다.

왜 마지막 아이스크림을 참지 못했을까?

'결국 의지력은 혈당치의 문제인가?'라고 생각한 사람도 있다. 그래서 설탕으로 단맛을 낸 진짜 레모네이드와 인공감미료를 사용한 가짜 레모네이드를 이용한 실험으로 이 가설을 확인했다. 가짜 레모네이드를 마신 그룹의 혈당치는 올라가지 않았고, 의지력 실험을 포기하고 말았다. 분명히 배가 아주 고프면 아무 의욕도 나지 않는 법이다.

그러나 이렇게 의지력을 그저 사용하면 줄어드는 에너지나 혈당치의 문제로 생각해도 될까? 나는 그렇게 생각하지 않는다. 이런 실험만으로는 제대로 설명할 수 없는 부분이 지나치게 많기 때문이다.

예를 들어 내 일기에는 '라면을 먹고 과자를 먹었다. 게다가 아이스크림까지 먹고 말았다.'라는 기록이 여러 번 나온다. '이미 라면을 먹어서 결심이 무너졌으므로 뒤이어 과자를 먹든 아이스크림을 먹든 마찬가지다!'라는 식이다. 폭음이나 폭식은 이런 프로세스로 일어난다.

라면도, 과자도 참지 못했으므로 의지력은 사용하지 않았을 테고, 혈당치도 잔뜩 올라갔을 것이다. 그렇게 소중하게 회복한 의지력으로 왜 마지막 아이스크림은 참지 못했을까?

헬스장에서 운동하고 돌아오면 배도 고프고, 의지력도 바닥나지만 우리는 그럴 때 감자칩이나 콜라에 손을 뻗지 않는다. 오히려 건강에 나쁜 식품에 손을 대는 날은, 헬스장에 꼭 가야 한다고 생각하면서도 이런저런 핑계로 가지 못한 날이다.

의지력이 사용하면 줄어드는 에너지라면 그것을 최대한 소중하게 보관하는 것은 효과적인 전략이 된다. 《슬램덩크》의 서태웅이 농구시합에서 전반전을 버리고 후반전에 집중한 것과 같다.

그러나 그것은 아침에 실컷 늦잠을 자고, 회의시간에는 지각하기 직전에 도착하는 것이 의지력의 효과적인 사용법이라는 이야기가 된다. 빈둥거리는 동료를 보고 '혹시 저 사람… 오전시간을 그냥 날려버리는 건가?' 하고 생각해본 적이 없는가? 오전에 빈둥거리는 사람은 오후에도 계속 빈둥거리기 마련이다.

나는 일단 아침에 제 시간에 일어나지 않으면 그 후에 하는 업무나 운동에 몰두할 수 없을 때가 많다. 그러면 해야 할 일을 하지 못한 것을 후회하게 되고, 그다음에 해야 할 일도 못한다. 즉 무언가를 해서가 아니라 무언가를 하지 않아서 의지력이 줄어들기도 하는 것이다.

의지력을 갉아먹는 건 '불안'이라는 감정

이렇게 무언가를 하지 않아서 잃게 되는 것은 감정이다. 폭음이나 폭식을 하면 혈당치는 올라가지만, '후회'라는 감정이 생겨난다. 만들고자 했던 습관을 만들지 못했을 때도 마찬가지로 자기부정감이 생겨난다.

감정을 키워드로 생각하면 여러 가지 수수께끼가 풀린다. 마라톤을 하다 보면 길가에서 응원해주는 사람들과 하이파이브를 할 때 있다. 후반부에 접어들면 무릎이 아파서 '이제 한계다.'라는 생각이 드는데, 열심히 응원해주는 아이들과 하이파이브를 하면 조금 더 힘을 낼 수 있다. 의지력이 회복되는 것이다.

좀 전에 설명한 레모네이드 실험에는 이런 변형도 있다. 진짜 레모네이드를 마시지 않고 입에 머금었다가 바로 뱉어도 의지력이 회복된다는 결과가 나타났다. 입에 머금기만 한 레모네이드도 하이파이브와 비슷하다. 그것으로 에너지나 당분이 보충되었을 리는 없다. 그저 기분이 좋아지는 약간의 보상이 있을 뿐이다.

레모네이드를 입에 머금거나 하이파이브를 하는 일로 생겨난 기쁨의 감정은 의지력을 회복시킨다. 반대로 의지력을 소모시키는 부정적인 감정은 '자기부정'과 불안이다. 습관들이기로 마음먹은 일을 해내지 못하면 자책과 불안이 생겨난다. 그러면 의지력을 잃고 다음 과제에 몰두하지 못하는 악순환에 빠진다.

이를 뒷받침하는 '세로토닌serotonin 실험'이 있다. 세로토닌은 교감신경과 부교감신경의 균형을 맞추고 마음을 안정적인 상태로 유지해준다. 그것이 제대로 작용하지 않으면 사람은 불안해진다. 실제로 우울증 환자의 뇌 속에서는 세로토닌의 작용이 활성화되지 않는다고 알려져 있다.

뇌 속의 세로토닌을 일시적으로 증감시킨 실험에 따르면 세로토닌이 부족할 때 사람들은 눈앞의 보상에 집착하고, 세로토닌이 많으면 나중에 받을 보상을 기다린다고 한다. 세로토닌이 부족해서 불안한 상태가 되면 의지력이 사라져 좋은 습관을 만드는 데 방해가 된다는 뜻이다.

래디시 실험도 감정적인 측면에서 보면 다른 식으로 해석할 수 있다. 눈앞에 달콤한 향기가 나는 초콜릿 쿠키가 있는데 "너는 먹지 마."라는 말을 들었다고 생각해보자. 자신이 존중받지 못한 것 같고, 슬프지 않겠는가? 래디시 실험에서 소모된 것은 의지력이 아니라 자존감일지도 모른다.

우리는 일이 바쁠 때 편의점에서 산 음식으로 식사를 간단히 때우기도 한다. 간편하긴 한데 어쩐지 서글퍼진다. 맛이 없어서가 아니라 스스로를 소홀하게 대하는 느낌 때문에 그런 것 아닐까? 매니큐어를 바르거나 피부관리, 화장에 애쓰는 것은 의지력이 필요한 귀찮은 행위지만, 자신을 케어하는 일로 자기긍정감이 높아진다.

바쁠 때일수록 청소에 신경을 쓰는 것도 그렇다. 일이 바쁠수록 방은 더 어질러지기 마련인데, '지금은 청소할 여유가 없어!'라고 무심코 생각하기 때문이다. 그러나 실제로는 청소를 하면 일에 더 효과적으로 몰두할 수 있다. 청소를 하면 기분이 좋아지고, 의지력이 향상되기 때문이다.

즐거운 기분이라면 더 오래 기다릴 수 있다

마시멜로 실험도 감정으로 결과가 바뀐다. 무언가 즐거운 일을 생각하면서 기다리도록 지시받은 아이는 3배 가까이 더 오래 기다리게 되었다. 반대로 슬픈 일을 생각하면서 기다리도록 지시받은 아이들은 기다리는 시간이 줄어들었다.

심리학자 에드워드 하트Edward Hart가 한 이런 실험도 있다. 사람들을 두 그룹으로 나누어 작업을 하기 전에 영화를 보여주었다.

ⓐ 유쾌한 영화를 보여주었다.

ⓑ 슬픈 영화를 보여주었다.

ⓐ그룹은 ⓑ그룹보다 20% 이상 작업 효율이 올라갔다고 한다. 영화회사 픽사에는 미끄럼틀이 있고, 구글 사무실은 알록달록한 장난감이 가득하다. 회사를 어른들의 유치원처럼 꾸며놓은 것은 아무래도 겉멋이 아닌 듯하다.

'뜨거운 시스템'과 '차가운 시스템'

무언가를 하지 않아서 불안하거나 부정적인 감정이 생기고, 이어서 다른 과제를 해결할 의욕도 없어진다. 왜 이런 지독한 악순환이 반복되는지 이해하려면 사람의 뇌를 들여다볼 필요가 있다. 뇌는 양파 같은 구조 속에 2가지 시스템이 있다고 한다.

ⓐ 본능적이다. 반사적이며 속도가 빠르다. 감정이나 직감으로 판단하는 시스템. 오래된 뇌이며 대뇌변연계limbic system, 선

뇌의 2가지 시스템

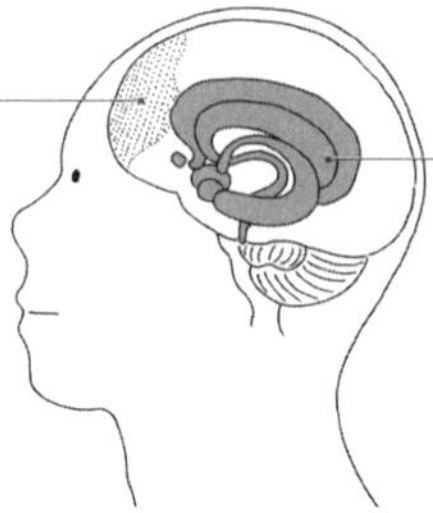

조체striatum나 편도체amygdala가 담당한다.

ⓑ 이성적이다. 반응 속도가 느리고 의식하지 않으면 작용하지 않는다. 생각하거나, 상상하거나 계획할 수 있는 시스템. 새로운 뇌이며 전두엽 등이 담당한다.

2가지 시스템에는 여러 가지 명칭이 있지만, 이 책에서는 ⓐ를 뜨거운 시스템, ⓑ를 차가운 시스템이라고 부른다. 조금 복잡하지만 다음과 같은 이미지를 떠올리면 알기 쉬울 것이다. 뜨거운 시스템은 감정과 욕망에 사로잡혀서 뜨거워지는 이미지(마시멜로가 있네! 먹어버리자), 차가운 시스템은 냉정하게 분석해서 대처하는 이미지(이것을 먹지 않으면 나중에 2개를 먹을 수 있어!)다. 뜨거운 시스템과 차가운 시스템은 한쪽이 활성화되면 다른 한쪽이 활동을 줄여서 서로 보완하는 형태로 끊임없이 상호작용 하고 있다.

스트레스로 폭주하는 '뜨거운 시스템'

불안해지거나 부정적인 감정을 느끼면 본능적인 뜨거운 시스템이 활성화된다. 앞에서 말했듯이 우리 신체의 구조가 확립된 것은 먼 옛날의 일이다. 그 시절 스트레스의 원인은 음식을 구하는 일에 대한 불안이 대부분이었을 것이다. 그래서 스트레스를 받으면 일단 눈앞의 음식을 먹거나, 휴식을 취하거나, 게으름을 피우는 일이 효과적인 대처법이 된다.

그러나 현대에는 업무 스트레스를 조금 받는다고 해서 굶어야 하는 위기상황은 찾아오지 않는다. 그러나 스트레스에 반응해서 나타나는 전략만큼은 예전과 다르지 않다. 그렇게 되면 본능이 고개를 든다. 칼로리를 더욱 많이 섭취하거나 싫은 일에서 도망치는 일이 합리적인 것으로 인식하기 때문이다. 폭음, 폭식을 하거나 다음에 해야 할 과제를 미뤄버리는 것은 이런 식으로 설명할 수 있다.

차가운 시스템은 뜨거운 시스템의 폭주를 억제한다. 예를 들어 비가 오는 날에 인도를 걷다가 맹렬한 속도로 달리는 자동차가 일으킨 물벼락을 맞았다고 하자. 당연히 분노가 치밀고 욕이 혀끝까지 나올 것이다. 이는 뜨거운 시스템에 의한 반응이다. 그러나 차가운 시스템이 담당하는 인지가 그것을 억제한다. 인지는 현실을 있는 그대로가 아니라 조금 다르게 볼 수 있기 때문이다.

'어쩌면 임산부가 갑자기 진통을 시작해서 서둘러 병원에 가는 중인지도 몰라.'

무례하게 가버린 자동차에 대해 이렇게 생각하면 분노가 진정된다. 차가운 시스템이 뜨거운 시스템을 냉각시킨 것이다. 차가운 시스템과 뜨거운 시스템이 상호작용한다는 것은 이런 의미다.

조건을 바꾸니 전혀 다른 결과가

마시멜로 실험에서 가장 마음에 걸리는 것은 역시 두 번째 의문이다. 의지력은 4~5세에 이미 정해진 것일까?

월터 미셸에 따르면, 마시멜로 실험에서 2개의 마시멜로를 손에 넣은 아이는 대부분 확실히 그 후 수십 년에 걸쳐 우수한 의지력을 발휘한다고 한다. 그러나 그것은 어디까지나 '대부분'이며, 능력이 저하된 사람도 있다. 그리고 마시멜로를 바로 먹은 아이 중 성장하면서 제어력을 키운 사람도 있다고 한다. 희망적인 이야기다.

한편 마시멜로 실험은 조건을 바꾸면 결과가 현저히 바뀐다는 것을 알아두자. 첫째, 진짜 마시멜로가 아닌 프로젝터로 비춘 마시멜로 영상으로 실험하니 아이들은 2배 더 오래 기다렸다. 둘째, 마시멜로를 화장실에 감추었더니 기다리지 못했던 아이도 10배나 오래 기다렸다.

눈앞에서 진짜 마시멜로를 제거하기만 해도 아이들은 더 오래 기다렸다. 본래의 실험에서 기다리는 데 성공한 아이들은 기다리는 동안 노래를 부르거나 우스꽝스러운 표정을 지었다. 피아노 치는 시늉을 하거나 눈을 감고 잠을 자기도 했다. 눈앞에 마시멜로가 있어도 시선 돌리는 방법을 제대로 알고 있었던 것이다. 반대로 눈앞의 마시멜로를 계속 바라보는 아이는 대개 실패했다.

그렇다면 마시멜로 실험에서 기다리지 못했던 아이들은 의지력이 약했던 것이 아니라 단순히 마시멜로에 유혹당한 횟수가 많았기 때문일지도 모른다. 계속 마시멜로를 바라보며 맛을 상상해서 유혹당한 것이다. 실제로 마시멜로를 생각하면서 기다리도록 지시받은 아이들은 그리 오래 참지 못했다.

도파민의 장난

마시멜로를 계속 보면 실패한다. 이것은 신경전달물질인 도파민dopamine이 장난을 치고 있기 때문이다. 도파민은 쾌감을 느낄 때 방출되는 신경전달물질이라고 알려져 있다. 맛있는 음식을 먹거나, 돈이 생기거나, 좋아하는 상대와 성관계를 하면 나온다. 그래서 사람들은 그런 보상을 얻기 위해 행동한다. 그러나 사실 도파민의 작용은 조금 더 복잡하다.

신경학자 볼프람 슐츠Wolfram Schultz는 원숭이에게 다양한 보상을 주는 실험을 했다. 원숭이의 혀에 과일주스를 1방울 흘리면 도파민이 집중하는 선조체가 급격히 발화했다. 그러나 주스를 주기 전에 불빛으로 신호를 주면 도파민은 주스가 아니라 그 빛에 반응했다. 행위 자체가 아니라 그 징조에 반응한 것이다.

이것은 사람도 마찬가지다. 모바일 메신저나 SNS를 하면서 흥분될 때는 메시지의 내용을 확인하는 순간이 아니라 애플리케이션 위에 빨간 알림이 나타날 때가 아닐까? 맥주도 그 자체가 아니라 맥주 캔을 따는 소리나 컵에 따르는 소리에 이끌려서 마시고 싶은 기분이 들지 않는가?

도파민에 관해서는 이런 실험도 있다. 쥐에게 도파민을 차단하는 약물을 주입했더니 아무리 맛있는 먹이가 있어도 먹으려고 하지 않고 굶어 죽었다. 도파민이 차단되면 욕구 자체가 일어나지 않기 때문에 음식이 눈앞에 있어도 쥐는 먹지 않는다.

도파민은 이런 식으로 무언가를 원한다고 생각해서 행동에 옮기도록 동기를 부여한다. 따라서 도파민이 작용하지 않으면 원한다는 생각조차 없어지고 당연히 행동도 하지 않게 된다.

인지는 나중에 배우는 기술

눈앞의 마시멜로를 참지 못해 먹고 만 아이들은 당연히 이전에도 마시멜로를 먹은 적이 있을 것이다. 그래서 눈앞에 놓인 마시멜로를 보기만 해도 씹었을 때의 부드러운 느낌과 단맛이 입안에 퍼져서 마시멜로를 먹었을 때와 같은 감각이 뇌 속에 재생된다. 도파민이 작용해서 먹고 싶다는 욕구가 생겨나고 행동을 이끌어낸다. 그런 유혹에 몇 번 노출되면 금세 참지 못하게 되는 것도 무리가 아니다.

그래서 마시멜로를 먹고 싶은 욕망을 참으려면 애초에 유혹당하지 않으면 된다. 그러기 위해서는 눈앞의 현실을 파악하는 차가운 시스템의 인지력이 필요하다. 마시멜로를 둥글게 부푼 구름이라고 생각해보라고 조언하자 2배 더 오래 기다렸다. 또한 마시멜로를 진짜가 아니라고 생각해보라고 하자 평균 18분 동안 기다렸다. 이처럼 눈앞에 있는 마시멜로를 단지 구름이나 가짜라고 생각하기만 해도 아이들은 더 오래 기다렸다. 애초에 유혹당하는 횟수가 줄어든 것이다.

본래의 실험에서 기다리는 데 성공한 아이들은 아무도 가르쳐주지 않았지만, 마시멜로에서 시선을 돌릴 수 있는 뛰어난 직감을 지닌 것이다. 아마 차가운 시스템의 인지력도 더욱 우수할 것이다. 그런데 이 인지는 요령을 배우면 실천할 수 있다. 후천적으로 배울 수 있는 기술이라는 뜻이다.

'차가운 시스템'도 거짓말을 한다

그러나 차가운 시스템을 효과적으로 이용해서 꾀를 부리는 아이도 있다. 차가운 시스템은 추론하거나, 계산하거나, 계획을 세우는 시스템이기도 하기 때문이다.

어떤 아이는 마시멜로의 속만 먹고 겉을 남긴 뒤 먹지 않은 것처럼 위장했다. 쿠키 안의 크림만을 핥은 뒤 본래대로 돌려놓은 아이도 있다. 차가운 시스템을 이용해서 계획적으로 눈앞의 보상을 얻은 아이가 있는 것이다.

체중을 줄이고 싶으면서도 '나중에 배가 고플지도 모르니까 먹어두자.'라며 미리 먹거나 '오늘은 특별한 날이니까.'라며 폭식하는 일, '그저께도, 어제도 참았으니까 오늘은 상을 줘야지.'라며 예외를 허용하는 일 또한 차가운 시스템이 하는 일이다. 영화 '오션스 일레븐'처럼 치밀한 범죄를 계획하는 일 또한 차가운 시스템이 한다.

의지력은 감정에 좌우되기 때문에 의지력만으로 무엇을 하기 어렵다. 차가운 시스템도 상황에 맞게 이용될 우려가 있다. 어느 쪽을 선택해도 예감이 불길하다. 그렇다면 어떻게 해야 할까?

고민은 의식을 불러내는 피곤한 일

어느 실험에서 사람이 하루 중 몇 시간 동안 욕망에 이끌리는지를 조사했다. 200명 이상의 피실험자의 몸에 무선호출기를 달고 그것을 하루 7번 무작위로 울렸다. 그리고 무선호출기가 울린 순간에 어떤 욕망을 느꼈는지 보고하게 했다. 그 결과 사람은 하루에 4시간 정도 어떤 유혹에 맞선다는 것을 알 수 있었다. 좀 더 자고 싶지만 일어나야 하고, 놀러 가고 싶지만 일을 해야 하며,

맛있어 보이는 음식이 있지만 참아야 한다. 눈앞의 마시멜로를 먹고 싶은 것과 마찬가지로 사람은 하루 중 상당한 시간 동안 유혹에 노출되어 있다.

이 실험에서 알게 된 것은 의지력이 강하다고 생각되는 사람은 유혹에 저항하는 시간이 처음부터 짧았다는 것이다. 그들이 유혹을 여러 번 뿌리칠 수 있는 강한 의지력을 지닌 것이 아니라, 애초에 유혹당한 시간이나 횟수가 적었다.

무선호출기가 울렸을 때 자신이 느끼는 갈등을 보고한다는 것은 문제를 명확히 의식한 다음 그 어느 쪽으로 풀어낼지 고민했다는 뜻이다. 마라톤을 할 때, 순조롭게 달리는 동안에는 의식을 사용하지 않고 달릴 수 있다. 마라토너인 후지와라 아라타도 "30km까지는 자고 있습니다."라고 말했다. 아마 명상하는 상태와 비슷할 것이다.

그러나 무릎이 아파지기 시작하면 그럴 수 없다. '앞으로 몇 km 남았지? 아직 10km나 남았구나.', '그냥 기권할까?', '몇 km 남았지? 아, 500m밖에 못 온 거야?' 이런 식으로 의식을 계속 불러낸다. 괴로움을 느낀 다음부터 체감시간이 길게 느껴지는 것은 시간을 의식하는 횟수가 많아졌기 때문이다.

나 역시 제대로 열중해서 글을 쓸 때는 시간을 잊는다. 그야말로 몰입상태다. 그러나 논리가 이어지지 않거나, 막히는 부분이 나오면 그만 쓰고 싶어진다. 그 횟수를 애플리케이션으로 세어봤는데, 대체로 10번 정도 막히면 결국 참지 못하고 도서관 의자를 박차고 나왔다.

의사결정은 불합리하다

애초에 인간의 의사결정에는 매우 불합리한 부분이 많다. 동전 던지기를 한다고 생각하고 앞뒤 중 한쪽에 걸어보자. 아마 앞면이나 뒷면을 선택하는 일 자체는 즉각 결정할 수 있을 것이다. 그러나 "왜 그쪽을 골랐나요?"라고 물으면 제대로 설명할 수 없다. 결정한 것은 분명 본인이지만, 그 이유는 잘 모른다. 길을 헤맬 때도 특별한 이유 없이 어느 한쪽의 길을 일단 선택한다.

마시멜로를 먹을지, 먹지 않을지를 고민하는 문제도 비슷하지 않을까? 월터 미셸은 마시멜로를 참지 못했던 아이들의 모습을 이렇게 묘사하고 있다.

"마시멜로 실험에서 아이들은 갑자기 손을 뻗어서 벨을 누르고, 고뇌하는 표정으로 머리를 숙였다. 난 그들이 자책하듯 자신의 손을 멍하니 바라보는 모습을 몇 번이나 목격했다."

그때의 행위는 분명히 스스로의 선택이었지만, 절반은 자신이 선택하지 않은 행위처럼 보였다.

습관은 생각하지 않고 하는 행동

마시멜로에 유혹당하는 것은 동전 던지기와 같다. 던지는 동전의 앞면에는 '기다린다.' 뒷면에는 '먹는다.'라고 쓰여 있다. 운이 좋으면 몇 번은 기다릴 것이다. 그러나 동전 던지기를 하는 횟수가 많을수록 '먹는다.'가 나올 확률도 높아진다.

마시멜로를 기다리지 못한 것은 의지력이 약했기 때문이 아니다. 단순히 동전을 던지는 횟수가 많았던 탓이다. 그렇다면 대책은 동전을 던지지 않는 것, 즉 의식을 불러내지 않는 것이다. 의식을 불러냈다는 것은 고민해야 할 문제가 눈앞에 있다는 것이다. 100엔을 받을지 1,000엔을 받을지 선택하는 문제를 두고 고민하는 사람은 별로 없다. 의식을 사용하지 않아도 즉시 결정할 수 있다. 사람들이 고민할 때는, 비슷한 가치를 눈앞에 두고 어느 쪽에 더 큰 가치가 있는지 생각하는 순간이다. 지금 사과를 1개 받을지, 내일 사과를 2개 받을지 고민할 때 우리는 의식을 불러내 이리저리 생각한다.

의식을 불러내지 않고, 생각하지 않고 하는 행위. 이것이 습관이다. 그렇다면 고민할 때 불러내는 의식은 무엇일까? 어떻게 해야 사람은 의식을 사용하지 않고 행동해서 습관을 만들 수 있을까? 2장에서 자세히 알아보자.

2장

습관이란 무엇인가?

WHAT ARE HABITS?

습관이란 '생각하지 않고 하는 행동'

습관이란 생각하지 않고 하는 행동, 무의식적인 행동에 가깝다. 그런 상태에서는 어떤 행위를 할지 말지 고민하거나 결단할 일, 어떤 방법으로 할지 선택할 필요가 없다. 고민, 선택, 결단, 그런 것은 전부 의식으로 하는 일이기 때문이다.

듀크 대학의 연구에 따르면 우리의 행동 중 45%는 결정이 아니라 습관이라고 한다. 그렇다면 갑자기 의문이 생긴다. 우리는 점심에 카레와 라면 중 뭘 먹을지, 휴일에 어떤 영화를 볼지, 온갖 행동을 의식해서 생각한 다음 선택하고 결정한다. 습관이 '생각하지 않고 하는 행동'이라면 45%는 너무 많지 않은가?

그러나 점심에 어떤 가게에 들어갈지 고민하는 사람은 있어도, 술집에 가서 “일단 맥주부터 주세요.”라고 주문하는 것을 신중하게 고민하는 사람은 별로 없다.

아침에 일어났을 때 하는 무의식적인 행동처럼

기상 직후에 하는 행동을 생각해보자. 침대에서 일어나서 화장실에 가고, 샤워를 한다. 아침을 먹고, 양치질을 하고, 옷을 갈아입은 다음 신발 끈을 묶고 밖으로 나간다. 자신만의 방식이 정해져 있어, 마치 의식처럼 처리된다.

양치질을 할 때 치약을 얼마나 사용할지, 어느 쪽 이부터 닦을지 고민하지 않는다. ‘오늘은 신발 끈을 어떤 식으로 묶어볼까?’도 보통은 고민하지 않는다. 의식을 사용하지 않고 할 수 있는 일이기 때문에 이런 아침의 준비과정을 어렵다거나, 노력이라고 생각하는 사람도 별로 없다. 성인은 이런 일을 대개 습관적으로 하고 있다.

그러나 어린아이에게 이 일련의 행동들은 노력의 산물이다. 화장실 가는 일도, 이를 닦는 것도, 옷의 단추를 채우는 것도, 신발 끈을 묶는 것도, 일일이 벽에 가로막혀서 그것을 뛰어넘으려면 굉장한 인내력이 필요하다. 밖에 나갈 준비를 하다가 의지력이 바닥나 심통을 부리고 누워 버리는 것인지도 모른다. 그러나 그것을 여러 번 반복하면 자동적으로 해낼 수 있게 된다. 어른에게는 거의 무의식적인 동작이므로 우리는 어린아이에게 그것이 왜 어려운지 잘 이해하지 못하는 것이다.

자전거 타는 법을 말로 가르쳐줄 수 있을까?

어른이 된 다음에도 물론 배워야 할 것이 있다. 나는 작년에, 운전면허를 딴 지 18년 만에 자동차 운전을 다시 시작했다. 처음에는 운전석에 앉자마자 '안전벨트를 하고, 브레이크를 밟고, 키를 돌리고, 사이드브레이크를 풀고, 기어를 P에서 D로 바꾼다.'라고 순서를 머릿속에 되뇌며 확인했다. 지금은 더 복잡한 수동변속 자동차를 타고 있지만, 아무런 고뇌 없이, 손과 발이 저절로 움직여서 운전을 한다. 이렇게 시동 거는 순서를 글로 설명하는 것이 더 어렵게 느껴질 정도다.

운전에 익숙하지 않던 시절에는 그것에만 의식을 집중시켜야 하니 음악을 들으면서 운전하는 사람이 대단해 보였다. 그러나 지금은 나도 영어교재를 들으며 운전방법을 '의식하지 않고' 운전할 수 있다.

자전거를 타본 사람도 비슷한 느낌을 받았을 것이다. 자전거 페달을 밟는 순서나 균형을 유지하는 요령을 누군가에게 말로 설명하는 것이 더 어렵지 않은가? 스마트폰을 다루는 데 익숙한 사람이라도 글자를 입력하는 방법을 손을 사용하지 않고 머릿속으로 떠올리기만 해서 설명할 수 있을까?

어린 시절에는 날달걀을 깨는 것도 무서워서 긴장했던 기억이 있다. 처음으로 노른자를 깨뜨리지 않고 달걀프라이를 만들었을 때는 상당히 의식을 집중해야 했다. 기름의 양은 어떤지, 불을 어느 정도로 조절해야 하는지 일일이 신경 썼다. 그러나 지금 달걀프라이를 하거나 달걀을 삶을 때 레시피를 찾아보고 만드는 일은 없고, 거의 자동적으로 손이 움직인다.

내 어머니는 요리 솜씨가 훌륭해서 다양한 요리를 하셨다. 냉장고에서 눈에 보이는 재료를 꺼내 고민 없이 뚝딱 요리를 완성했다. 요리책을 보는 일도 없고, 조미료를 계량하는 일도 없었다. 어머니는 식재료를 보면 무엇을 만들지가 바로 떠오른다고 했다. 그리고 어머니는 요리하는 것을 귀찮다고 생각한 적이 없다고 한다. 귀찮다고 생각하는 것은 순서를 고민하기 때문이며 그것은 의식이 작용한다는 증거다. 어머니는 생각하지 않고 요리를 할 수 있기 때문에 귀찮다고 생각하지 않는 것이다.

몽유병 환자는 깊게 잠드는 논렘non-REM 수면 상태에서 본인의 의식이 없는 동안에 요리를 하거나 운전을 하는 일이 있다고 한다. 그리고 그 행위가 끝나도 그것을 기억하지 못한다. 그때 뇌의 행동을 감시하는 부분은 잠들어 있지만 복잡한 행동을 담당하는 부분은 활동하고 있다. 말하자면 의식이 없어도 사람은 복잡한 활동을 할 수 있다는 것이다.

개미에게도 의식은 없지만, 그들은 구멍을 파거나 흙을 옮기며 언제나 열심히 일한다. 개미는 동기 부여나 의욕에 의존하지 않아도 일할 수 있다.

의식이란 신문과 같다

한편 우리가 평소 자신이라고 생각하는 것은 '의식'이다. 오늘 먹을 메뉴를 생각하거나, 눈앞의 경치가 아름답다고 느끼거나, 다른 사람들의 말에 고민하기도 한다. 사람의 의식이란 도대체 무엇일까?

신경과학자 데이비드 이글먼David Eagleman은 《인코그니토》에서 사람의 의식을 신문에 비유했다. 한 나라에서는 매일 공장이 가동되고, 기업이 제품을 출하한다. 경찰은 범죄자를 추적하고, 의사는 수술을 하며, 연인들은 데이트를 한다. 전기는 전선을 따라 흐르고, 하수도는 배설물을 운반한다. 그러나 우리가 나라 안에서 일어나는 모든 사건을 파악할 수는 없다. 모든 사건을 알고 싶지도 않다. 그래서 중요한 정보만을 받아볼 필요가 있고 신문의 역할이 그것이다.

우리가 신문에 기대하는 것은 어제 우리나라 소들이 풀을 얼마나 먹었는지가 아니라 광우병의 급증을 경고해주는 일이다. 우리가 궁금한 것은 어제 쓰레기가 몇 톤이나 버려졌는지가 아니라 어느 지역에 쓰레기 처리장이 만들어지는지다.

마찬가지로 사람의 의식은 60조의 세포에서 일어나는 일이나, 수천억 개 뉴런의 전기신호 교환을 일일이 파악하고 싶어 하지 않는다. 뇌는 매초, 4억 비트의 정보를 처리하지만, 그중 의식에서 처리되는 정보는 고작 2,000비트라고 한다. 뇌의 신경회로는 무의식이라는 무대 뒤에서 신문기자처럼 방대한 정보를 긁어모으고 있다. 그리고 요약된 정보만 신문처럼 의식에 배달된다.

오늘 아침, 어느 쪽 신발부터 신었는가?

아무 문제없이 일상적 행동을 반복할 때 우리는 의식을 불러내지 않는다. 사건이 없으면 신문에 기사가 실리지 않는 것과 같다. 다리를 꼬고 앉거나 등을 구부리는 버릇을 고치기가 어려운 것은 그것들이 무의식중에 하는 행동들이기 때문이다.

오늘 아침, 집을 나설 때 자신이 어느 쪽 신발부터 신었는지 명확히 기억하는 사람은 별로 없을 것이다. '어느 쪽부터 신발을 신을까?'라는 문제를 의식적으로 결정하지 않고, 그것이 대개 정해져 있기 때문이다.

뇌과학자 이케가야 유지는 재밌는 예를 들었다.

"코는 언제나 보이는데 우리는 그것을 의식하지 않는다."

코는 항상 우리의 시야 안에 있어서 보려고 하면 볼 수 있다. 그러나 그것은 신문에 실어야 하는 신기한 뉴스가 아니다.

의식을 불러낼 때의 상황을 생각해보자. 사람이 걸을 때는 어떨까? 사람에게는 200개 이상의 뼈, 100개 이상의 관절, 400개의 골격근이 있고, 걸을 때 각각의 부위가 치밀하게 제휴하면서 움직인다. 로봇을 걷게 하기가 어려운 것은 각 부위의 힘과 각도, 그리고 지면을 밟은 발바닥이 보내는 신호 등 모든 것을 프로그래밍해야 하기 때문이다.

사람은 걷는 일에 의식을 사용하지 않고 기분 좋게 산책할 수 있다. 그럴 때도 우리는 부드러운 무언가를 밟으면 의식을 불러낸다. '물컹한데? 뭘 밟았나? 위험해!!'

배가 아플 때 신문 헤드라인의 변화

수업 중 배가 아팠던 경험은 누구라도 있을 것이다. 평상시에 졸거나 낙서를 하며 건성으로 보냈던 수업시간이라도 배가 아프면 순간적으로 양상이 달라진다. 그때 신문의 헤드라인은 이런 식으로 바뀌면서 의식에 도달한다.

- 배에 위화감, 복통 가능성 있음.
- 복통이라고 단정됨. 원인은 어제의 과식인가?
- 수업 종료까지 남은 시간은 30분, 복통 문제는 과연 어떻게 될 것인가?
- 복통에 소강상태가 찾아와 일시적 평화로.

도달된 신문의 수가 많다는 것은 의식을 불러낸 횟수가 잦다는 뜻으로, 수업에 집중할 수 없고, 평소와 같은 시간도 아주 길게 느껴졌다는 것이다. 사건이 발생했을 때만 신문의 헤드라인이 작성되는 것과 마찬가지로 평소와 다른 일이 있을 때만 의식이 사용된다.

무엇을 고를지 뇌가 먼저 안다

의식은 분명 문제를 생각하거나 행동을 결정하는 리더다. 그러나 대부분의 행동은 리더의 지시가 아닌, 평소 사람들의 자발적 선택으로 결정된다. 어떤 작업을 하다가 피로를 느꼈을 때 '좋아, 깍지를 끼고 손바닥을 위로 올려서 기지개를 펴자.'라는 식으로 의식하지 않아도 사람들은 기지개를 펼 수 있다. '기지개를 펴자.'라고 정한 것은 리더가 아니다.

이와 관련된 유명한 실험이 있다. 1980년대에 벤자민 리벳Benjamin Libet이 시도한 실험이다. 피실험자들은 자유로운 시점에 스스로 손가락 혹은 손목을 움직였다. 그리고 그때 뇌의 활동을 기록했다.

ⓐ 자신의 의지로 손가락을 움직이려고 생각한 시각

ⓑ 뇌에서 지령신호가 발생한 시각

ⓒ 실제로 손가락이 움직인 시각

실험결과는 놀랍게도 ⓑ→ⓐ→ⓒ 순서였다고 한다. 지령신호는 피실험자가 의사결정을 한(그렇게 생각한) 시각보다 0.35초 전에 발생했다. 본인이 손가락을 움직이겠다고 결정하기 전에 뇌가 손가락을 움직일 준비를 시작했다는 뜻이다.

이 실험은 사람의 자유의지를 부정할 가능성도 있어 큰 화제가 되었다. 그러나 아무 변화가 없는 상태에서 행동이 일어나는 것이 아니라, 행동에 앞서 뇌의 활동이 먼저 나타난다는 것을 알게 해주는 실험이었다.

콧노래를 선곡하는 DJ는 누구인가?

콧노래를 부르는 일도 그렇지 않을까? 콧노래는 주크박스나 노래방에서 선곡하는 행위와는 다르다. 주크박스는 안에 들어 있는 곡 중 마음에 드는 노래를 의식적으로 선택한다. 그러나 자연스럽게 콧노래가 나올 때 '어떤 노래를 부를까?'라고 생각하는 사람은 거의 없다.

흥얼거리는 콧노래는 전혀 부르고 싶지도 않고 관심도 없는, 좀 전 들렀던 슈퍼마켓 CM송일 때도 있다. 그것은 내가 의식할 수 없는 장소의 DJ가 골라온 곡이다.

사람의 행동은 전제군주제처럼 독단적으로 정해지지 않는다. 국회에서처럼 회의를 통해 정해진다. 가령, 일찍 일어나는 습관을 들이고 싶을 때를 예로 들어보자. '내일부터 이 시간에 일어나자.'라고 다짐하고, 정해놓은 시각에 알람이 울린다. 국회가 개최된다는 신호다. 신체의 다양한 지역에서 의원들이 모이고, 국회가 열린다. 눈을 떴지만 허리가 조금 아프다. 그래서 '허리' 지역에서 선출된 의원은 "아직 더 자야 한다."라고 목소리를 높인다. 어제 술자리에서 과음을 했다면 '장' 지역에서 온 의원은 "느긋하게 소화시켜야 한다."라고 말한다.

논의 끝에 '잠을 더 잔다.'가 다수결로 가결된다. 결국 알람을 끄고 5분 더 잔다. 5분마다 알람이 반복될수록 '슬슬 일어나지 않으면 지각하지 않을까?', '매일 늦잠이라니, 한심하네.' 등의 진지한 의견이 세력을 늘린다. 결국 꾸물거리면서도 침대에서 일어나게 되는 것이다.

나는 나를 다스리는 왕이 아니다

습관이 된 상태에서는 반대의견이 있더라도, 바로 일어나는 일이 다수의 찬성을 얻어 짧은 시간 안에 가능하다. 중요한 것은 이 상태에서도 국회가 열리지 않는 것은 아니며, 반대의견이 없는 것도 아니라는 점이다. 나도 충분히 자는 편이지만 상쾌하게 눈을 뜰 때도, 그렇지 않을 때도 있다.

일어나고 싶지 않을 때는 매번 '알게 모르게 피로가 쌓인 건가?' 하는 생각을 한다. 하지만 항상 똑같이 생각하므로 그 의견은 이미 믿을 만한 것이 못 된다.

일찍 일어나지 못하면 일어난 뒤에 해야 할 일들도 할 수 없으니 분명히 실망할 것을 알고 있다. 또한 일어나서 요가를 하면 처음에는 다소 졸리더라도 5분 후에는 잠이 깨 정신이 또렷해지는 것을 알고 있다. 여러 번 반복하다 보니 결론은 대체로 정해져 있다. 때문에 여러 번 다수결 투표를 반복하지 않아도 문제가 해결된다.

앞서 살펴본 것처럼 사람들의 행동 중 의식이 관여하지 않는 행동은 많다. 그러나 해야 할 일을 하지 않았을 때 생기는 문제에 책임을 지는 것은 의식이다. 다이어트를 하지 못하는 것도, 금주나 금연을 하지 못하는 것도, 업무를 뒤로 미루는 것도 의식의 문제가 되어 '의지가 약한 탓'이라고 간단히 정리된다.

그러나 그것은 확실히 말해서 의식이나 의지력을 과신하는 것이다. 의지가 강해서 혹은 약해서 그렇다는 이유가 붙는 전제에는, 의식이 행동을 전적으로 제어한다는 오해가 있다. 우리는 먼저 의식이나 의지가 행위의 원인이 아님을 명심해야 한다. 안타깝지만 우리는 우리를 다스리는 왕이 아니다. 처음 해야 할 일은 그것을 냉정하게 인정하는 일이다.

우리는 습관의 동물

가을이 되면 다람쥐는 겨울을 대비하기 위해 먹이를 잔뜩 쌓아두려고 한다. 그러나 다람쥐는 '이제부터 겨울이 오니까 먹이를 잔뜩 쌓아두어야 해.'라고 의식하거나 면밀한 계획을 세우는 것이 아니다. 눈에 들어오는 햇볕의 양이 일정량만큼 감소하면 다람쥐의 뇌에서는 먹이를 묻어두는 프로그램이 작동한다고 한다.

무라카미 하루키는 "자신을 습관의 동물로 만들어야 한다."라고 말했다. 습관을 들이는 일은 자신의 동물적인 부분, 무의식이 담당하는 부분을 바꾸는 일이다. 다람쥐에게 중요한 것은 의식이 아니라 햇볕의 양이다. 습관을 바꾸려면 자신의 행동을 유도하는 근본에 좀 더 접근할 필요가 있다.

자전거를 배울 때 처음에는 의식적으로 신체를 조작할 필요가 있지만, 어느새 생각하지 않고도 탈 수 있게 된다. 이때 뇌 속에서는 어떤 변화가 일어날까?

1990년대에 MIT에서 시행한 쥐 실험을 참고해보자. 쥐의 머리에 뇌의 활동을 조사하는 장치를 설치했다. T자 모양 길의 입구에 쥐를 놓고 갈림길에서 왼쪽으로 꺾어 들어간 곳에 초콜릿을 두었다. 딸깍 소리를 신호로 칸막이가 열리면 쥐는 달콤한 향기가 나는 곳을 찾아가려고 한다. 처음에는 가운데 통로를 왔다 갔다 하고, 초콜릿이 없는 반대편 길로 들어가기도 하면서 초콜릿을 찾기까지 시간이 걸렸다.

시행착오를 반복할 때 뇌의 기저핵basal ganglia이라고 불리는 부분은 활발하게 활동했다. 이 실험을 몇 백 번 반복했을 때 쥐는 더 이상 헤매지 않았고, 목표까지 가는 시간도 짧아졌다. 초콜릿을 찾아내는 것이 매우 능숙해진 한편, 쥐의 뇌 활동은 저하되어 생각하는 일이 점점 줄어들었다.

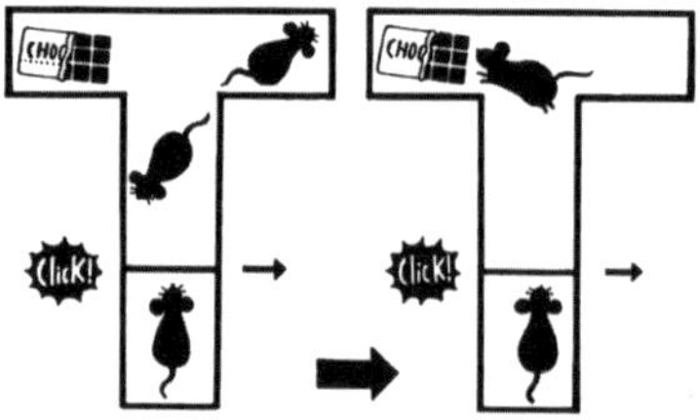

쥐는 초콜릿을 찾아내면서 처음에는 시행착오를 겪는다. 그러나 여러 번 반복하면 쥐의 뇌는 점점 생각을 하지 않게 된다.

2~3일이 지나자 벽을 긁거나 냄새를 맡아서 정보를 모으지 않게 되었고, 일주일이 지나자 기억에 관여하는 뇌 부위도 활동이 저하되었다. 쥐는 최종적으로, 생각하지 않고도 초콜릿에 도달하게 되었다. 쥐에게 그 행동은 '습관'이 된 것이다.

습관을 만드는 3가지 요소

《습관의 힘》의 저자 찰스 두히그Charles Duhigg에 따르면 습관은 다음 3가지 요소로 성립된다. 첫 번째는 신호다. 앞의 실험에서 쥐의 뇌 활동을 조사해보니 칸막이가 열리는 소리가 들릴 때와 초콜릿을 찾아냈을 때 뇌가 가장 활성화되었다. 신호는 어떤 자동 조종 모드를 사용할지 전달하는 역할을 맡는다. 쥐에게는 딸깍 소리가 신호이다.

습관의 3가지 요소

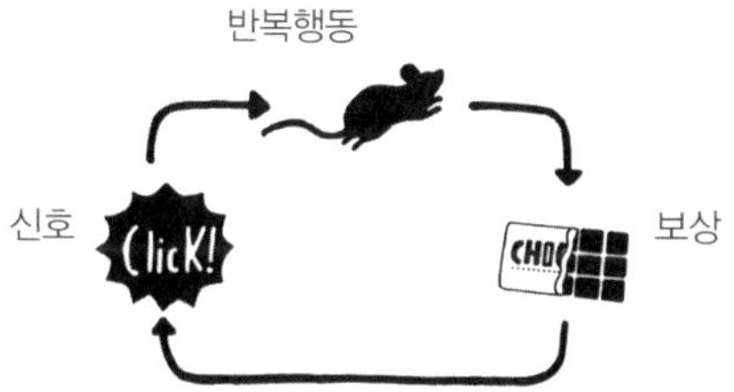

두 번째는 반복행동이다. 신호가 일으키는 정해진 행동패턴을 말한다. 쥐 실험의 예시에서는 칸막이가 열리면 헤매지 않고 T자 모양의 길에서 왼쪽으로 꺾어 초콜릿을 찾아내는 일이다. 시행착오를 겪은 끝에 찾아낸 방법을 기억하고, 머지않아 의식하지 않고도 하게 되는 행동을 말한다.

세 번째는 보상이다. 이런 일련의 행동을 저장하는 것이 좋을지에 대해서 뇌는 보상을 재료로 판단한다. 보상은 1장에서 봤듯이 기쁨이나 즐거움을 주는 것, 기분을 좋게 해주는 것이다. 초콜릿이라는 칼로리 높고 맛있는 음식을 찾을 수 있다면 앞으로도 같은 행동을 하는 편이 나을 것이다. 그래서 뇌는 초콜릿까지 가는 코스를 기억하려고 한다.

일기를 쓰게 만드는 커피라는 신호

어떤 습관이 생긴다는 것은 강연을 듣거나 세미나에 참가해서 의식을 바꾸는 일과는 전혀 다르다. 여러 번 반복해서 실천하며 실제로 뇌의 신경세포를 변화시키는 일이다.

습관의 3가지 요소는 신호, 반복행동, 보상이라고 했다. 이제 각 요소를 조금 더 자세히 살펴보겠다. 먼저 신호를 살펴보자. 대부분의 사람들은 아침에 일어날 때 알람을 신호로 할 것이다. 나는 일어나자마자 요가를 한다. 자기 전에 요가매트를 펼쳐두기 때문에 아침에 일어나면 그것이 제일 먼저 눈에 들어온다. 그것이 신호가 되어 요가가 시작된다.

아침을 먹고 나서 커피를 끓인다. 커피를 마시는 일이 신호가 되어 일기를 쓰기 시작한다. 언젠가 저녁에 커피를 마셨는데 나도 모르게 일기를 쓰고 싶어진 적이 있다. 커피라는 신호와 일기쓰기라는 반복행동이 결합되었기 때문이다.

윌리엄 제임스William James가 쓴 《심리학의 원리》에는 이런 에피소드가 나온다. 어느 퇴역군인이 양손에 음식을 들고 옮기고 있었다. 옆에서 누군가가 농담으로 "차려!"라고 말하자 퇴역군인은 양손을 내리고 차려 자세를 취했다. 들고 있던 고기와 감자는 바닥으로 떨어지고 말았다. 중요한 것을 손에 들고 있어도 습관이 강력하게 작용하는 모습을 보여주는 사례다.

천재를 만든 아침 10분 독서

작은 신호가 천재를 만드는 일도 있다. 변호사 야마구치 마유는 도쿄 대학 법학부를 수석으로 졸업했고, 재무성의 관료를 거쳐 변호사가 되었다. 하버드 대학의 로스쿨을 만점으로 수료했으며, 뉴욕주 변호사 자격도 취득해서 현재는 법대 교수를 목표로 공부하는 중이라고 한다.

어떻게 봐도 그가 천재라고밖에 생각할 수 없지만, 야마구치 마유는 다른 천재들과 마찬가지로 "나는 천재가 아니기 때문에 열심히 할 수밖에 없었다."라고 말했다. 야마구치의 공부는 책상을 보는 '신호'에서 시작되었다.

야마구치 마유가 어린 시절부터 들인 습관은 다음과 같다. 기상하면 창문 커튼을 열고 햇볕을 받는다. 다음 순간 시선을 책상으로 옮긴다. 의자에 앉아서 어떤 책이라도 좋으니 읽고, 어머니가 "아침 먹어라."라고 부를 때까지 10분 정도 책상 앞에서 시간을 보낸다. 이 행위로 책상에 앉는 일에 온종일 저항이 없어졌다고 한다. 학교에서 돌아와 간식을 먹으면 또 책상을 보는 일을 신호로 공부를 시작한다. 학교에서도, 로스쿨에서도 아침 햇살을 받으면 일단 책상을 본다. 작은 신호에서 시작된 습관이 천재를 만든 것이다.

대낮부터 맥주를 마시게 만드는 5가지 신호

나쁜 습관을 버리기 어려운 이유도 똑같은 구조다. 나는 예전에 술을 자제하려고 했는데, 쉽지가 않았다. 그 이유 중 하나는 술을 마시게 되는 신호가 많았기 때문이다. 가령, 나는 점심부터 맥주 마시는 것을 좋아해서 튀김 국수를 주문할 때 반사적으로 병맥주를 함께 주문했다. 만두나 닭튀김 등 기름진 음식도 마찬가지였다. 이외에도 여러 가지가 맥주를 끌고 왔다. 찰스 두히그는 신호를 다음 5가지 종류로 정리하고 있다. 술이 마시고 싶어지는 신호를 예로 들어본다.

- 장소(집에 가는 길의 편의점, 친구의 결혼식장)
- 시간(일이 끝난 저녁, 일요일 낮)
- 심리상태(연이은 야근으로 인한 스트레스, 우울함)

• 다른 사람(멋진 여성과 데이트, 오랜만에 열린 동창회)

• 직전의 행동(땀 흘리며 한 운동, 온천욕)

3장에서 자세히 살펴보겠지만, 버리고 싶은 습관은 이런 신호를 찾아내는 일, 만들고 싶은 습관은 이런 신호를 새로 만드는 일이 중요하다.

쇠사슬처럼 연결되는 반복행동

반복행동은 알기 쉽다. 신호에서 시작되는, 정해진 행동들이다. 텁텁한 느낌을 신호로 하는 양치질, 샤워 후 헤어드라이어로 머리를 말리는 일 등 일상적으로 하는 흔한 행동을 말한다.

내가 헬스장에 갈 때의 신호는 '정해진 시각'과 '몸을 움직이고 싶은 느낌'이다. 그리고 언제나 똑같이 옷과 물통을 준비한다. 헬스장까지 가는 길과 라커를 여는 방법 등도 몸에 배어 있다. 근력 운동, 달리기의 패턴은 정해져 있고, 운동이 끝난 후 샤워나 옷을 세탁하는 방법도 똑같다.

하나의 반복행동이 다음의 반복행동을 시작하는 신호가 된다. 헬스장에 가서 운동하는 것은 복잡한 행위이지만, 신호와 반복행동이 쇠사슬처럼 연결된 일련의 행동이다. 아침의 준비과정도 이와 같다.

반복행동의 좋은 점은 일상적 행위로 기분을 바꿀 수 있다는 점이다. 반복행동은 어지러운 마음을 조율하는 튜너 역할을 한다. 무라카미 하루키는 매일 1시간 동안 달리기를 하지만, 누군가에게 생전 처음 들어보는 비난이나 거절을 당하면 조금 더 오래 달린다고 한다. 나도 거의 매일 달리지만, 기분 나쁜 일이 있을 때는 더 오래 달리려고 한다. 그렇게 하면 확실히 기분이 바뀌는 것을 실감하기 때문이다. 문제의 본질은 문제 자체가 아니라 문제를 파악하는 기분에 있다. 1장에서도 살펴봤듯이 감정은 의지력을 좌우한다. 평소 습관을 실천하며 부정적인 감정이 사라지면 의지력도 회복된다.

야구선수 스즈키 이치로는 슬럼프를 극복하는 방법으로 매일 반복하는 일을 똑같이 지속하는 것이라고 했다. "마음을 다잡는 것은 어렵지만, 평소와 같이 몸을 움직이면 어느새 마음이 따라온다. 그것이 내가 마음을 다스리는 기술이다."

평소와 같이 몸을 움직이면 그에 맞게 마음이 조율된다. 충동구매를 했을 때처럼 무언가를 원할 때는 호흡이 거칠어진다. 의식적으로 호흡을 천천히 하면 욕구도 진정된다.

럭비선수 고로마루 아유무는 킥을 하기 전에 검지를 맞대는 동작을 하고, 피겨스케이팅선수 하뉴 유즈루는 스케이트를 타기 전에 성호를 긋고 기도한다. '이것은 승부를 가르는 킥이다.'라며 평소와 다르게 힘을 쏟는다면 신체도 달라질 것이다.

반복행동을 통해 평상시의 진정된 심리상태로 돌아가고 연습한 대로 결과를 남긴다. 운동선수가 반복행동을 하는 이유는 이런 점 때문이다.

위키피디아를 쓰고 받아낸 보상

어려운 것은 보상이다. 사람은 만족스러운 보상을 받으면 수십 번이라도 그 행동을 반복한다.

- 맛있는 음식을 먹는다.
- 동료와 교류한다.
- 좋아하는 상대와 사랑을 나눈다.
- 돈이 생긴다.
- SNS에서 '좋아요'를 받는다.

이런 것들을 얻기 위해서 하는 행동들은 이해하기가 쉽다. 그러나 개중에는 왜 그런 일을 하는지 알기 어려운 행동도 있다.

어떤 행동의 대가로 보상을 받는다고 하면 대체로 돈을 상상하겠지만, 그렇지 않은 경우도 있다. 예를 들어 위키피디아(Wikipedia, 이용자들이 자유롭게 참여해서 만드는 온라인 백과사전 - 옮긴이)에 글을 쓰는 일로는 한 푼도 받지 못한다. '노리마키'라는 집필자는 에도 시대의 시인 고바야시 잇사에 대한 내용을 반년에 걸쳐서 정리했다고 한다. 굉장한 노력이다. 책이라면 인세를 주고 싶을 정도다. 노리마키는 위키피디아에 대해 "궁금한 것을 탐욕적으로 조사하고 싶은 내 본능을 실컷 표출할 수 있는 장소."라고 말했다.

호기심과 탐구심을 채울 수 있고, 타인이 보는 곳에 발표할 수 있다. 위키피디아의 집필자가 받는 보상은 그런 것이다. 게다가 집필자들끼리 오프라인에서 모임을 열기도 한다. 취미가 잘 맞는 사람들을 만나는 커뮤니티도 보상이 될 수 있다.

예전에 마이크로소프트 사도 고액연봉의 전문 집필자를 모아 사전을 만들려고 한 적이 있다. 집필을 돈으로 보상하려 한 것이다. 그러나 개인들의 자발적 에너지를 도저히 이길 수 없었다. 설령 금전적 이익이 없다 해도 사람들은 여러 가지 보상을 감지할 수 있다.

괴로운 운동에는 어떤 보상이 있는가?

다른 사람은 이해하기 어려운 보상도 많다. 한여름에 땡볕 아래에서 달리기하는 사람을 보고 '저 사람은 도대체 뭐가 즐거워서 저러고 있을까?'라고 생각한 적이 있다. 나도 중학생 시절에는 농구부에 들어가서 하루도 빠짐없이 연습에 매진했었다. 그러나 어른이 되어 운동을 하지 않게 되자 달리기의 장점을 이해하지 못하는 상태가 되고 말았다.

지금은 다시 마라톤 풀코스를 달리게 되었지만, 나에게 "뭘 위해 그런 일을 하는지 전혀 모르겠어."라고 말하는 사람도 있다. 달리는 습관이 없는 사람에게 달리기는 단순히 고통이다. 그러나 습관이 되는 데 보상이 필요하다면, 달리는 고통 속에도 분명 무언가 보상이 있을 것이다.

달리기의 보상으로 자주 언급되는 것이 신경전달물질인 엔도르핀endorphin이다. 엔도르핀은 모르핀과 같은 진통작용이 있으므로 달리면서 느끼는 고통을 억제하고 러너스 하이runners' high 같은 쾌감을 체험하게 해준다고 한다.

뇌과학자 그레고리 번스Gregory Berns는 이런 설명에 의문을 가졌다. 격한 운동을 할 때 정말로 베타 엔도르핀이 증가한 사람은 50%에 지나지 않는다는 것이 밝혀졌기 때문이다. 달리기를 하는 사람 중에서도 러너스 하이를 느껴본 사람은 많지 않고, 달릴 때마다 매번 느낄 리도 없다. 그레고리 번스는 엔도르핀을 쾌감의 원인이 아닌 어떤 부산물처럼 생각했다.

스트레스가 있어야 만족감이 높아진다

그렇다면 무엇이 달리기의 보상일까? 그레고리 번스는 달리기의 보상이 스트레스 호르몬인 코르티솔cortisol에 있다고 생각했다. 스트레스 호르몬은 그저 나쁘기만 하다는 이미지가 있는데, 어째서일까? 앞서 도파민이 복잡한 작용을 하는 것을 지적했는데, 코르티솔도 사실 상반된 작용을 한다.

그레고리 번스는 그 작용을 이런 식으로 설명했다. 코르티솔은 특히 육체적인 스트레스에서 생겨나는데, 기분을 고양시키고 집중력을 높이며, 경우에 따라서는 기억력을 높이는 효과도 있다. 그러나 이 효과는 하루치 분비량인 20~40ml를 투여했을 때만 나타나며, 그 이상으로 증가하면 불안해지거나 온갖 스트레스 징후가 생겨난다.

적당한 양의 코르티솔은 도파민과 상호작용하며 강한 만족감과 초월적인 쾌감을 일으킨다. 재밌는 것은 그레고리 번스가 실제로 친구를 시켜 적정량의 코르티솔을 자신에게 투여하고 직접 그 감각을 확인했다는 점이다. 그는 쾌감과 행복을 느꼈다고 기록했다. 깊은 만족감을 맛보려면 도파민만으로는 부족하다. 그것이 스트레스를 느꼈을 때 분비되는 코르티솔과 결합했을 때 강렬한 만족감을 준다.

나도 달리기를 시작하고 10분이 지나면 신체가 평소의 감각과 달라지기 시작하는 것을 느낀다. 몸을 움직이는 일 자체가 기쁨이 된다. 생물이 살아남으려면 쓸데없이 칼로리를 소모하지 않는 편이 도움이 되고, 사람들은 오랫동안 이렇게 살아왔으므로 가능한 한 편하게 있고 싶어 한다. 그러나 계속 달리다 보면 다른 모드로 전환되는 감각을 느낄 수 있다. 고민이나 불안이 희미해지고 어디선가 에너지가 솟아나며 평소 생활에서는 느끼지 못하는 의욕과 자신감이 높아진다. 숨이 차오르는 상태는 고통스럽지만, 이런 식으로 적절한 육체적 스트레스를 가하면 운동한 후에도 만족감이 한동안 이어진다.

다만 도파민이 나올 때 쾌감이 있다고 해서 일부러 괴로움을 느낄 필요는 없다. 맛있는 음식을 먹는 등 다른 방법도 얼마든지 있기 때문이다. 그러나 강렬한 만족감을 얻는 데 필요한 것은 적절한 고통과 스트레스다.

예전에 사귀었던 한 여성이 "어쩐지 우리는 즐거운 일만 하고 있는 것 같아."라며 나를 떠난 적이 있다. 나는 데이트할 때만큼은 그녀를 즐겁게 해주고 싶어서 온갖 노력을 기울였다. 그래서 처음 그 말을 들었을 때는 '무슨 말인지 모르겠다. 왜 이상한 말을 하는 거지?'라고 생각했지만, 지금은 그 이유를 알 것도 같다.

인간관계에서도 스트레스가 있어야 만족감이 높아진다. 텔레비전으로 드라마를 보는데, 계속해서 즐거운 내용만 나온다면 재미가 없을 것이다. 나는 연애를 하며 즐거운 일만 일어나는 지루한 각본을 썼던 것이다.

잠시 샛길로 빠졌지만, 운동을 하면서 얻는 보상은 또 있다. 가령, 아이디어는 책상에 앉아서 생각할 때가 아니라 산책하거나 운동할 때 떠오르곤 한다. 메이슨 커리Mason Currey가 쓴 《리추얼》은 작가, 음악가, 화가 등 수많은 위인들의 생활습관을 소개한 책인데, 대부분이 산책을 일과로 하고 있다. 나 역시 이 책을 쓸 때 달리기를 하면서 많은 아이디어를 얻었다. 아무래도 운동은 책상에 앉아 있을 때와는 다른 창조성을 발휘하게 하는 듯하다.

0교시 체육으로 성적이 올라가다

의학박사인 존 레이티John Ratey는 《운동화 신은 뇌》에서 운동 이후에 상쾌한 기분이 드는 이유를 단적으로 '심장에서 혈액이 왕성하게 보내져 뇌가 최고의 상태가 되기 때문'이라고 했다.

존 레이티는 운동이 뇌에 유익한 이유를 이렇게 설명했다. 뇌 속에는 신경전달물질 뇌유래신경영양인자BDNF라는 일종의 단백질이 있는데, 이것은 유산소 운동을 했을 때 증가한다. 뉴런에 BDNF가 더해지면 뉴런은 새로운 가지를 뻗는다. 뉴런은 나무의 모양과 비슷하게 생겼고, 가지에는 잎 대신 시냅스가 붙어 있다. 새로운 가지가 생겨나면 시냅스가 늘어나고 더욱 강하게 결합된다. 존 레이티는 BDNF를 '뇌에 주는 비료'로 비유했다.

성적을 올리려면 운동보다 책이나 교과서를 보면서 공부하는 시간을 늘려야 한다고 생각하기 마련인데, 실제로는 그것이 그렇게 단순하지 않다. 미국 일리노이주 네이퍼빌에서 1만 9,000명의 학생을 대상으로 0교시 체육수업을 했다. 1교시 수업이 시작되기 전 운동장을 달리거나 자전거를 타며 유산소 운동을 하도록 한 것이다.

효과는 절대적이었다. 듣기와 이해력 시험에서 평소처럼 체육수업만 받은 학생들은 성적이 10.7% 성장한 데 비해 0교시 체육을 한 학생들은 17%의 성장을 보였다. 네이퍼빌 학생들은 TIMSS라는 국제 수학·과학 시험에서 수학은 세계 6위, 과학은 세계 1위라는 성적을 거두었다(미국 학생의 평균은 과학이 18위, 수학이 19위). 이렇게 공부에 몰두하기 전, 먼저 운동을 하면 학습효과가 높아지고 성적이 올라간다.

2007년, 독일에서 실시한 연구에 따르면 운동 전보다 운동 후에 단어암기 속도가 20% 빨랐다. 학습효과와 BDNF의 수치에 상관관계가 있음이 밝혀진 것이다.

습관에 필요한 것은 보상이다. 운동하는 사람들은 종종 자제력이 강하다는 말을 듣는다. 그러나 그런 사람들은 보상을 끊은 것이 아니다. 오히려 더 큰 보상을 받고 있다.

의지력의 문제가 아니다

그러나 글로 읽는다 해도, 운동습관이 없는 사람에게 이런 보상은 상상하기 어려울 것이다. 습관이 생긴 후 느껴지는 보상은 아이에게 맥주와 같다. 맥주를 마셔본 적 없는 아이에게 맥주가 목을 넘어가는 상쾌함과 취기가 올라 좋아진 기분을 아무리 설명하려고 해도 전달할 수 없는 것처럼.

나는 도박을 해본 적이 없어서 돈을 땄을 때의 쾌감을 모른다. 담배를 피우지 않는 사람은, 돈을 주고 담배를 사고 머리가 아파지는 연기를 마셨다가 내뱉는 일이 왜 즐거운지 상상하기 어렵다. 술, 담배, 도박을 전부 해본 사람이라도 코카인 중독자가 하얀 가루나 주사기를 보기만 해도 흥분하는 이유는 알 수 없을 것이다.

운동 또한 약물을 원하는 것과 비슷한 구조의 행위이다. 사람들은 보상을 원하며 계속해서 같은 행동을 반복하려 한다. 본질은 흔들리지 않고, 어느 쪽에서든 나타난다.

사람은 자신이 받아들이는 보상을 타인에게도 적용해서 생각한다. 그래서 타인에게는 자신이 받는 보상과 다른 보상이 있다는 것을 쉽게 상상하지 못한다. 달리기를 하는 사람을 이해하지 못하는 것은 그 때문이다.

습관을 만드는 일은 맥주 맛을 몰랐던 사람이 맥주를 좋아하게 되는 과정과 같다. 처음에는 쓰기만 하지만, 쓴맛을 참아내고 몇 번 마셔보는 동안 어느새 그것이 가장 큰 즐거움이 되기도 한다.

이것은 의지력을 기르고, 유혹을 끊는 일이 아니다. 자신의

'보상'과 '벌칙'을 다시 정의하는 일이다. 꾸준히 행동하다 보면 실제로 뇌에 변화가 일어날 것이다.

마시멜로를 외면하는 방법

1장에서 마시멜로 실험을 소개했다. 그런데 아이들이 이 실험을 한 번이 아니라 여러 번 지속해서 받는다면 어떻게 될까? 처음 실험에 참가했을 때는 '15분 뒤에 받을 2개의 마시멜로'라는 보상이 지나치게 애매해 잘 와 닿지 않을 것이다. 그리고 그것을 인내해본 경험이 없다면 그저 괴로울 것이다.

그러나 여러 번 성공하는 사이에 아이들은 즐거운 일을 떠올리며 마시멜로에서 시선을 돌리거나 마시멜로를 구름이라고 생각하는 기술을 터득해간다. 그리고 15분을 기다려, 2개의 마시멜로를 여러 번 손에 넣어본 아이들은 그 보상을 실감하게 된다.

아이들 중에는 마시멜로 2개를 손에 넣고도 바로 먹지 않는 아이도 있었다. 2개의 마시멜로를 집에 가지고 돌아가 엄마에게 칭찬받으려고 한 것이다. 이는 1개의 마시멜로와는 비교할 수 없는 보상이다.

그렇게 되면 눈앞에 있는 1개의 마시멜로를 먹는 일은 검토

할 가치도 없어진다. 바람직한 습관이 생기는 상태란 이런 것이다. 눈앞의 보상은 사라지지 않는다. 그러나 더 큰 보상을 여러 번 손에 넣으면 눈앞의 마시멜로가 이전보다 작게 느껴진다. 처음 습관을 만들 때에는 의지력이 필요하다. 그것은 간단하지 않고, 그것을 마법처럼 터득하는 방법은 없다. 그러나 일단 터득하고 나면 확실하고 큰 보상이 따르기 때문에 지속할 수 있다.

3장에서는 습관을 만드는 방법을 50단계로 나누어 자세히 설명할 것이다. 전략 없이는 눈앞의 마시멜로를 극복해낼 수 없다. 습관을 만드는 방법은 커다란 보상이 느껴질 때까지 온갖 방법으로 눈앞의 마시멜로를 외면하는 것이다.

3장

새로운 습관을
몸에 붙이는 50단계

50 STEPS FOR MAKING
NEW HABITS

STEP 01

먼저 '악순환'의 고리를 끊는다

더러워진 천을 염색하려면
먼저 깨끗하게 세탁을 해야 한다.
- 아유르베다

1장에서 말했듯이, 우리에게 필요한 '의지력'은 '불안'과 '자기부정'이라는 부정적인 감정 때문에 사라진다. 그러한 감정을 느끼면 뇌는 본능적인 행동을 하고, 눈앞의 보상에 물불을 가리지 않고 달려든다. 그 결과 폭음·폭식을 하거나 의욕 없이 스마트폰만 보며 빈둥거리게 된다. 그런 행동은 후회를 남기고, 후회는 스트레스를 불러온다.

게다가 그런 스트레스에 오래 노출되면 본능적인 행동을 억제해야 할 차가운 시스템의 인지기능이 쇠퇴한다. 사용하지 않는 것은 쇠퇴하기 마련이다. 인지력이 쇠퇴하면 눈앞의 마시멜로를 가짜라고 생각하기도 어려워지고, 구름으로 인지하기도 어려워진다. 현실을 다른 각도에서 보는 것이 힘들어지기 때문이다. 그래서 더욱 눈앞의 보상에 맹목적으로 달려든다.

그리고 어느새 '학습된 무력감'에 빠진다. 피할 수 없는 전기 쇼크를 지속적으로 받아온 강아지는 몸이 자라서 이제는 쇼크를 피할 수 있는데도 계속 그 상황을 받아들인다. 모든 것이 헛수고라고 믿기 때문이다. 바람직한 습관을 들이기 위해서는, 가장 먼저 이 악순환의 구조를 어딘가에서 끊어내야 한다.

[나쁜 습관을 버리지 못하는 이유]

"스트레스를 풀려면 어쩔 수 없어!"

우리는 종종 폭음하거나 폭식하고 나서 '스트레스를 풀기 위해서 그런 거니, 어쩔 수 없잖아.'라고 생각한다. 하지만 정말로 필요하기 때문에 그 행동을 하는 것이 아니라는 사실을 잘 안다. 스트레스를 받아 부정적인 감정을 느꼈고, 그래서 눈앞의 보상을 선택한 것이라는 사실을 잊어서는 안 된다. 업무나 집안일 등 스트레스를 주는 일 자체는 어쩔 수 없다. 중요한 것은 스트레스의 본질과 그것을 해소하려는 행동에서 받는 스트레스를 분리하는 일이다. 《어린왕자》에는 이런 말이 나온다.

"술을 마시는 것이 부끄러워서, 그것을 잊고 싶으니까 술을 마시는 거야."

안타까운 이야기지만 사람들은 돈이 없다는 불안을 느낄 때 그 불안에서 도망치기 위해 마구 쇼핑을 한다. 불안한 사람은 자신을 더욱 불안하게 만드는 행동을 하고 만다. 작가 그레첸 루빈 Gretchen Rubin은 그 대처법을 간결하게 제시했다. "기분전환을 위한 일이, 자기 자신을 더 싫어지게 만들어서는 안 된다."

나쁜 습관을 버리는 요령과 좋은 습관을 만드는 요령은 정반대다

좋은 습관도, 나쁜 습관도 기본적으로 같은 구조를 가졌다. 그래서 지금 가지고 있는 습관을 버리려면 습관을 만드는 요령과 정반대의 일을 하면 된다. 예를 들어, 이 책에서 제시하는 습관을 만드는 단계 중 하나는 '일단 진입장벽을 낮춘다.'이다. 그렇기 때문에 나쁜 습관을 없앨 때는 반대로 진입장벽을 높이면 된다.

이제부터 습관을 버릴 때 특히 주의해야 할 부분을 살펴보고, 기본적으로 습관을 만들 때 알아두어야 할 핵심적인 부분들과 그에 맞게 버리고 싶은 습관에 대해서도 설명하겠다.

STEP 02

'하지 않을 일'을 정한다

즐거움을 포기하는 것은 좋은 일이다.
그로 인해 괴로움도 사라지기 때문이다.
- 푸블릴리우스 시루스Publilius Syrus

아무리 제멋대로 하루를 보내더라도, 어쨌든 사람들은 각자 자신만의 하루를 보내게 된다. 빈둥거릴 예정으로 하루 스케줄이 꽉 찬 사람도 있다. 그것이 본인에게 좋은 것이든 나쁜 것이든 사람의 하루는 습관으로 채워져 있다. 때문에 새로운 습관을 추가하기 위해서는 오래된 습관을 퇴장시켜야 한다. 가장 먼저 해야 할 일은 '하지 않을 일'을 정하는 것이다.

어떤 습관을 버려야 하는가? 이 문제는 답을 찾기가 어렵다. 앞에서도 말했듯이 사람은 특정한 습관이 스트레스 해소를 위해 어쩔 수 없이 해야 한다고 믿기 때문이다.

'내 자식의 습관이 돼도 좋은가?'

이때 의미 있는 질문은 '그것이 내 아이의 습관이 돼도 좋은가?'다. 물론 아이가 없는 사람도 이 질문을 던져볼 수 있다. 나 자신에게 꼭 필요하지만 가능하면 그만두고 싶은 일, 배울 것이 별로 없고, 내 아이가 그것을 하고 싶다고 말했을 때 찬성할 수 없는 일, 끝난 후 성취감이나 만족감이 아닌 후회가 남는 일….

우리는 자신의 습관에 대해 '어떻게 해도 멈출 수 없다.'며 여러 가지 변명을 한다. 그 습관이 주는 이점은 얼마든지 과장하거나 조작할 수 있다. 하지만 그 행동이 내 아이의 습관이 되어도 좋은지 생각해보면 이야기가 달라진다. 자식이 알코올 중독자나 니코틴 중독자가 되길 바라는 사람이 있을까? 자녀가 스마트폰이나 SNS에 빠져 세월을 낭비하거나 도박에 빠져 일상생활을 제대로 못하길 바라는 부모가 있을까?

어른이 되었다고 해서 무조건 자유롭게 살아도 된다는 것은, 상당히 이상한 사고방식이다. 텔레비전을 보거나 게임을 하는 아이에게 시간제한이 필요하다면, 그것은 어른에게도 필요하다. 사람은 죽을 때까지 배우고 성장하는 존재이기 때문이다.

하고 나서 후회하는 일, 배울 게 전혀 없었던 일

그렇다면 어떻게 '하지 않을 일'을 정할까? 특정 분야를 좋고, 나쁘다고 평가해서 '하지 않을 일'을 고르라는 말은 아니다. 나는 어린 시절 게임을 했던 기억밖에 없지만, 30세 무렵에 게임을 그만두었다. 누구보다 게임을 좋아했고 실컷 즐겨왔지만, 게임을 그만둔 이후로는 게임에 빠진 사람을 무시하며 안 좋게 바라보기도 했다. 그러나 일본의 첫 프로게이머 우메하라 다이고가 게임에 몰입하는 모습을 보고는 생각이 바뀌었다.

우메하라 다이고는 이미 오래 전 게임 자체에 질렸다고 한다. 게임대회에서 우승하는 일은 수단이며, 목적은 자신의 성장이다. 전 세계 최고 자리에 서기 위해 몇 시간이나 신중하게 게임을 하고, 그 과정에서 발견한 과제는 바로 메모해서 거듭 고쳐나간다. 그런 시행착오의 과정은 운동선수와 조금도 다르지 않다.

다시 말해 진지하게 몰두한다면 어떤 분야든 가치가 있다는 뜻이다. 게임으로 인생을 배울 수 있다면 그것을 하지 말아야 할 필요가 없다. 나는 술을 끊었지만, 진지하게 자신의 일에 몰두하는 소믈리에나 술을 만드는 장인을 존경한다. 술에서 인생의 모든 것을 배운 사람도 있을 것이다.

그러나 나는 술에서 큰 배움을 얻지 못했다. 술자리는 즐거웠지만, 다음 날 후회하는 경우가 많았다. 그래서 단호하게 끊었다. 아래와 같은 조건을 염두에 두고 '하지 않을 일'을 생각해보자.

- 자녀가 배우지 않았으면 하는 일
- 끝난 후에 성취감을 느끼지 못하고 후회하는 일
- 돌이켜봤을 때 커다란 배움을 얻었다고 느낄 수 없는 일

반복에는 '의존성'이 있다

인생에는 의도적으로 즐기는 오락도 필요하다. 문제는 그만두고 싶은 마음이 굴뚝같지만, 멈출 수 없는 경우다. 스스로 그만둘 수 없다면 '의존'하는 것이다. 알코올이나 니코틴이 아니어도 '의존성'이 있는 물질은 많다. 대표적인 예로, 설탕을 들 수 있다.

신경과학자 니콜 아베나Nicole Avena는 쥐에게 계속해서 설탕을 주는 실험을 했다. 쥐는 설탕에 강한 욕구를 보이게 되었고, 심지어 코카인 같은 내성이 생겨서 금단증상까지 일어났다. 성인 384명을 대상으로 설문조사를 해보니, 특정 식품에 중독되어 끊으려고 몇 번이나 시도했지만 결국 실패했다고 답한 사람이 92%

나 되었다.

'의존성'이 있는 것은 물질뿐만이 아니다. 시카고 대학병원의 존 그랜트John Grant는 "과도한 보상이나 행복감, 평온함을 가져오는 것은 전부 의존성이 있다."라고 말했다. 약물뿐만 아니라 특정 식품, 쇼핑, 섹스, 도둑질, SNS 등 모든 행위에는 의존성이 있다. 내가 달리기를 하는 이유도, 간단히 말하면 기분이 좋아지기 때문이고, 이것은 결국 내가 달리기에 의존하고 있다는 뜻이다.

인간은 '즉시 기분이 좋아지는 일'에 쉽게 빠진다

쉽게 의존하게 되는 대상은 전부 보상이 빠르다는 특징이 있다. 즉시 기분이 좋아지는 효과가 있다는 것이다. 만약 술을 입에 댄 지 6시간 후부터 기분 좋은 취기가 올라온다면 과음하는 사람은 훨씬 줄어들 것이다. SNS의 '좋아요'를 한 달 후에 우편함으로 받는다면, 이렇게나 많은 사람이 그 빨간 하트에 중독되지 않았을 것이다.

뇌는 그것이 약물로 인해 쉽게 증가된 '좋지 않은 도파민'인지, 운동으로 증가된 '바람직한 도파민'인지 판별할 수 없다. 다만 쾌감을 느끼는 행위를 반복하려고 할 뿐이다. 때문에 먼저 자신이 의식적으로 무엇을 하지 말아야 할지 생각할 필요가 있다.

내가 금주를 결심한 이유

내가 버리고 싶어 했던 습관 중 첫 번째는 '술'이었다. 미리 말하자면, 나는 여기서 술에 관련된 전부를 부정하는 것도 아니고, 모든 사람이 지금 당장 술을 끊어야 한다고 말하려는 것도 아니다. 다만 내 입장에서는 술은 끊는 편이 나았을 뿐이라는 말이다.

이제부터 술을 끊은 나의 경험을 예로 들어 이야기를 해나가겠지만, '술'을 여러분이 버리고 싶은 ○○○으로 바꾸어서 생각해주기 바란다. 어떤 일을 멈출 때의 전략은 대개 비슷하기 때문이다.

누구나 술을 마실 때는 얼마나 마실지 자신이 제어할 수 있다고 생각한다. 알코올 의존증은 당연히 자신과 전혀 상관없는 문제라고 자신만만해한다. 물론 이 책을 읽는 독자 여러분 중에 아침에 눈 뜨자마자 술부터 들이켜는 사람은 별로 없을 것이다. 그러나 뭐든 그렇지만, 처음부터 의존증에 빠지려고 그것을 시작하는 사람은 없다. 때문에 사실상 누구에게나 의존증은 그리 멀지 않은, 가까운 현실의 문제다.

나는 지금으로부터 1년 반 전에 술을 끊었다. 그전에도 몇 번이나 시도했지만 도저히 끊을 수가 없었다. 정말 술을 좋아했고, 술자리도 좋아했다. 그런데도 술을 끊고 싶다고 생각한 이유는, 아침에 일찍 일어나고 싶었기 때문이다. 헤밍웨이는 아무리 한밤중까지 술을 마셔도 반드시 아침에 일찍 일어났다고 하던데, 만약 나도 헤밍웨이 같은 체질이었다면 굳이 술을 끊으려 하지 않았을 것이다.

게다가 술은 딱 한 잔만 마시려 해도 절대 멈출 수가 없다. 욕구를 냉각시키는 차가운 시스템이 알코올 때문에 마비되기 때문이다. 나는 규칙적인 생활을 하고 싶었지만, 술 마신 다음 날은 숙취 때문에 오전 내내 정신을 차릴 수가 없었다. 그래서 아침에 일찍 일어나는 습관을 들일 수가 없었다. 그런 생활이 연속되는 것이 너무 싫었고, 이렇게 후회하며 인생을 보내도 되는지 고민했다.

STEP 03

'전환기'를 이용한다

감기에 걸려도 세계관은 바뀐다.
고로 세계관이란 감기 증상에 지나지 않는다.
– 안톤 체호프Anton Chekhov

우리 몸에는 이런저런 습관이 배어 있는데, 지금 살고 있는 장소에서 이사를 하면 모두 다시 만들어야 한다. 스마트폰이나 노트북처럼 세팅을 다시 해야 한다는 뜻이다. 주거환경에 연결된 '습관의 신호'를 재구축해야 하기 때문이다.

그런 의미에서, 오히려 어떤 나쁜 습관을 없앨 때는 이사 같은 '전환기'를 이용하는 것이 좋다. 술을 끊기 위해 내가 이용한 전환기는 '병'이었다. 알코올은 약물이며 물질적인 의존성이 있다. 따라서 알코올은 의지력에 의존하는 안이한 방법으로는 끊기가 어렵다. 배가 고파서 정말로 죽을 것 같을 때, 의지력만으로 음식을 참을 수 없는 것과 마찬가지다.

나는 여행 중에 독감에 걸려서 거의 5일 내내 침대에 누워 있었던 적이 있다. 기대했던 다이빙은 취소되었고, 술은커녕 식사도 제대로 하지 못했다. 그러나 5일 동안 술을 전혀 마시지 않고 지내보니 술을 마시고 싶다는 욕구가 평소보다 줄어들었다. 어떤 일을 그만두고 싶을 때 가장 괴로운 것은 사실 '처음 5일'이다.

나는 이 기회를 살렸다. 술을 끊고 20일 동안은 여전히 술을 마시고 싶다는 욕구가 남아 있어서 다른 사람이 술 마시는 모습을 보면 부러웠다. 그러나 한 달이 지나자 신기하게도 술을 봐도 마시고 싶다는 생각이 전혀 들지 않았다. 나와 함께 블로그를 운영하는 누마하타 나오키도 치과치료를 위해 입원한 것을 계기로 술을 끊었다. 금연에 관해서도 비슷한 이야기를 자주 듣는다. 병에 걸렸을 때는 기력이 확 꺾여 속상하지만, 버리고 싶은 습관을 버릴 수 있는 절호의 기회이기도 하다.

내가 집 안의 잡다한 물건들을 대대적으로 처분한 계기도 생각해보면 연인에게 차인 일 때문이었다. 그 무렵의 기록을 보면 나는 자주 절에 갔다. 자신을 돌아보고 싶었던 것이다. 그런 전환기는 나쁜 습관을 버리고 자신을 바꾸는 데 도움이 된다.

가장 절박하게 필요할 때, 바로 그때 손을 뗀다

술을 끊은 시기도 좋았다. 1월이었기 때문에 블로그에 술을 끊는 것이 올해의 목표라고 곧바로 선언했다. 1월에는 가족모임과 지인의 결혼식이 있어서 처음부터 난관에 맞닥뜨렸지만 시골로 이사했던 것은 다행이었다. 한동안 이동수단은 도보나 자전거뿐이었고, 근처에 자동판매기나 편의점도 없었다. 그런 환경도 도움이 되었다.

물건을 처분할 때 효과적인 방법은 가장 필요할 때 처분하는 것이다. 나는 언제부터인가 머리에 왁스를 바르고 싶지 않았다. 그래서 멋진 여성과 데이트하기로 한 날, 왁스를 더 이상 바르지 않기로 결정했다. 가장 절박하게 필요할 때 처분했기 때문에, 그 후에도 그 물건이 없는 상황을 견딜 수 있었다.

술도 마찬가지였다. 어느 정도 나이가 들자 여성과의 관계는 항상 술로 시작됐고, 데이트에 술이 빠지지 않았다. 가장 어려운 '그날'을 극복할 수 있다면, 일상에서 소소하게 술 마시고 싶은 욕구가 생겨난다고 해도 무시할 수 있지 않을까.

최대의 위기는 금주한 지 4개월 뒤, 뉴욕의 레스토랑에서 찾아왔다. 내 전작 《나는 단순하게 살기로 했다》가 영어로 번역되어 출판기념 강연 차 뉴욕을 방문했을 때였다. 현지의 편집자, 고생해준 역자, 그리고 에이전트와 만나는 자리였다. 뉴욕이라는 멋진 장소에서 특별한 사람들과 만난, 아마도 인생에서 몇 번 없을 축하 자리였다. 그러나 나는 이 자리에서도 술을 거절할 수 있었고, 내 금주습관이 드디어 완성단계에 접어들었음을 실감했다.

STEP 04

조금 끊지 말고 완전히 끊는다

개구리 2마리를 삼켜야 할 때는 큰 것부터 삼켜라.
그리고 너무 오랫동안 바라보지 말라.
– 마크 트웨인Mark Twain

18세기 영국의 문학자 사무엘 존슨Samuel Johnson은 친구가 와인을 한 모금이라도 마시라고 권하자 이렇게 대답했다.

"'조금' 마실 수가 없기 때문에 절대로 입에 대지 않는 거야. 끊는 건 쉬워도 양을 제어하는 것은 나에게 너무 어렵거든."

나는 이 의견에 완전히 동의한다. 술을 완전히 끊지 않고 일주일에 1~2번 정도만 마시면 술 마시는 즐거움을 포기하지 않으면서 후회와 고통 없이 계속 마실 수 있지 않을까? 그러나 내 대답은 '절대 그렇지 않다.'다. 나도 예전에는 술을 완전히 끊으면 인생이 너무 허전하다고 생각해, 술을 마셔도 되는 오만 가지 다양한 예외상황들을 고안했었다. '연인과 함께 있으면 괜찮다.', '여행 중에는 괜찮다.', '친구의 결혼식에서는 괜찮다.', '특별한 양조장에서 빚은 술은 괜찮다.' 등등.

그러다 보면 예외상황은 걷잡을 수 없이 늘어난다. 그렇게 규칙은 복잡해지고, 마실지 참을지 생각하게 된다. 즉 의식을 불러오는 것이다. 그렇게 되면 이것은 습관으로 지속하기가 어렵다. 철학자 칸트는 하루에 한 번 파이프로 담배 피우는 것을 자신에게 허용했는데, 세월이 흐르면서 파이프가 점점 커졌다고 한다. 규칙에 예외를 두면 그 규칙을 제대로 지키기는 매우 어렵다. 칸트조차 그랬다니 더 말할 필요가 없지 않겠는가.

자제하거나 인내하면 실패다

예외를 많이 만드는 것은 음주가 즐겁다고 인식하기 때문이다. 계속 그렇게 인식한다면 금주는 불가능하다. 술을 마시지 못하는 날은 인내해야 한다. 인내는 보상이 없다. 사람은 보상이 없는 일을 지속할 수 없다.

어떤 습관을 버릴 때, 그것을 금지하는 듯한 말을 사용하지 않는 것도 한 방법이다. '술을 마시면 안 된다.'가 아니라 '이제 술을 마시지 않아도 된다.'라고 생각하자. 이점이 아닌, 자신이 느끼는 고통 쪽에 시선을 두는 것이다.

술을 끊었다고 말하면 자제력이 강하다는 말을 자주 듣는다. 그러나 그것은 전혀 다른 이야기다. 매번 술의 유혹을 뿌리친다면 자제력이 강하다고 할 수 있다. 그러나 1장에서 설명했듯이 의지력이 강하다고 여겨졌던 사람들은 애초에 유혹되지 않았다.

예를 들어, 술집에 갔다고 하자. '술을 마신다.'와 '술을 마시지 않는다.' 중 무엇을 고를지 망설이다가 '술을 마시지 않는다.'를 선택하는 것이 아니라는 말이다. '술을 마신다.'라는 선택지는 이미 회색으로 되어 있어 처음부터 아예 선택할 수 없는 상태다. 같은 행동을 여러 번 반복하면 뇌의 시냅스가 결합되는 수상돌기 가시가 실제로 두꺼워진다는 것은 앞에서도 설명했었다. 그러나 반대로 반복하지 않으면 마치 자는 듯한 상태가 된다.

나는 이제 맥주의 상쾌함이나 취기가 올랐을 때의 알딸딸한 기분이 잘 떠오르지 않는다. 그래서 애초에 술을 마시고 싶다는 욕구 자체가 생기지 않는다. 술을 마시는 어른을 이해하지 못하는 초등학생과 비슷한 상태가 된 것이다. 예전에는 위스키도 스트레이트로 곧잘 마셨지만, 지금은 알코올 도수가 높은 술의 냄새를 맡으면 어린 시절처럼 속이 울렁거리고 소름이 돋는다.

그러나 술이 더없이 소중한 사람은 이런 상태를 이해할 수 없을 것이다. 무더워도 아랑곳하지 않고 밖에서 달리기 하는 사람이 느끼는 행복을 다른 이들이 이해하지 못하는 것과 같다.

술을 마시거나 담배를 피면서 받는 유일한 스트레스는 그것을 끊어야 한다는 생각이다. 나도 예전에는 술을 마시지 않으면 인생의 즐거움이 70%로 줄어들 것이라고 생각했다. 그러나 술을 마시지 않는 초등학생이 즐겁게 사는 것을 보면 그것이 틀렸음을 알 수 있다. 완두순은 베어 내도 다시 자란다. 마찬가지로 무언가를 버려보면, 다른 즐거움이 찾아온다.

목표는 최대한 대담하게

목표설정의 중요성에 관련된 것 중 좋아하는 에피소드가 있다. 예전에 마쓰시타 전기산업(현 파나소닉)은 경비를 절감하기 위해 '전기요금을 10% 줄이자.'는 목표를 세웠는데, 좀처럼 달성되지 않았다고 한다. 회사 임원들이 모여서 이런저런 대책을 논의한 끝에 사장 마쓰시타 고노스케는 이렇게 말했다.

"알겠습니다. 그러면 목표를 바꿔서 10% 절감이 아니라 50% 절감을 목표로 합시다."

10% 절감을 목표로 하면 잔재주만 부리게 되어 성공하기가

어렵다. 그러나 50%를 절감하려고 하면 발상의 구조 자체를 바꿔야 한다. 그리고 마침내 10%를 절감하는 데 성공했다고 한다. 나쁜 습관을 버릴 때 완전히 끊는 편이 효과적인 이유도 이와 비슷하다.

STEP 05

반드시 치러야 하는 대가가 있다

네가 버린 것, 버리려고 하는 것의 크기를 보면
네가 손에 넣으려고 하는 것의 크기도 알 수 있다.
- 만화 《신들의 봉우리》 중에서

습관을 버리거나 만들 때 명심해야 할 것은, 좋은 점만 있을 수는 없다는 점이다. 작가 존 가드너John Gardner는 "법률을 어기면 반드시 대가를 치른다. 하지만 법률을 따라도 반드시 대가를 치른다."라고 말했다. 예를 들어, 헬멧 없이 오토바이를 타는 것은 매우 위험하고, 경찰에 붙잡힐 수도 있는 행동이다. 반면에 법률에 따라 헬멧을 쓰면 안전하지만 답답하기 때문에 오토바이가 주는 해방감은 희미해진다.

[나쁜 습관을 버리지 못하는 이유]

좋은 점만 얻으려 한다

그래서 나는 술을 끊은 일로 대가를 치르고 있다. 즐거운 모임이나 축하 자리에서도 술을 마시지 않으니, 나를 불쌍하게 보는 사람도 있었다. 솔직히 말해서 나도 술을 좋아했던 시절에는 술을 마시지 않는 사람을 마음 한구석으로 '시시한 사람'이라고 생각했기 때문에 그들의 마음을 잘 안다. 술을 끊었더니 내 주위 사람들은 이런 다양한 반응을 보였다.

- 친구 : "조금은 괜찮지 않아? 한 잔만 마셔."
- 어머니 : "왠지 인생이 허전하겠네."
- 신주쿠의 술집 사장님 : "쓸데없는 짓은 관둬!"
- 프랑스인 : "오오오…."

과거에 나는 물건을 너무 좋아했기에, 그것을 처분한 후에도 물건 자체가 가진 가치를 부정하지는 않는다. 앞에서 말했듯 술에 대해서도 마찬가지다. 하지만 마음속으로 무언가를 끊고 싶다고 생각하는 사람일수록, 끊는 데 성공한 타인을 보고 분노할 수 있다. 청소를 못하는 사람이나 물건을 처분하지 못하는 사람이 미니멀리스트에게 분노를 느끼는 것은 그 사람의 마음속 어딘가에 자신도 그런 삶을 살고 싶다는 마음이 있기 때문이다.

그런 대가를 치르는 한편 술을 마시지 않아서 얻는 이점도 많다. 규칙적인 생활을 할 수 있게 되었고, 건강도 좋아졌다. 술 마시는 데 지출하던 돈도 굳었고, 술병이나 맥주캔이 사라지니 쓰레기도 줄었다. 취해서 실수하거나 문제를 일으키지 않게 되었고, 하루의 마지막 순간까지 명석한 상태로 깨어 있을 수 있었다. 무엇보다 술의 유혹을 참아낼 필요가 없는 평온한 생활이 찾아왔다. 습관을 버릴 때 중요한 것은, 어떤 대가를 치르더라도 높은 우선순위를 부여하고 싶은지를 따져보는 일이다.

무라카미 하루키는 매일 달리기를 하고, 소설을 집필할 때는 정해놓은 분량만 글을 쓴다. 규칙적인 생활을 유지하기 때문에 가까운 사람의 부탁을 거절하는 일이 많다고 한다. 그는 "몇 번이나 거절하면 상대는 기분이 상한다."라고 했다. 소설을 쓰는 데 가장 중요한 것은 불특정 다수인 독자와의 연결이며, 그는 그것을 우선으로 여기기 때문에 가까운 사람에게 미움 받는 일을 대가로 치르고 있다. 전적으로 공감한다.

STEP 06

'신호와 보상'을 세세하게 구별한다

어떤 일을 하고 싶어지거나 어딘가에 가고 싶어지는 가장 확실한 방법은
그것을 하지 않겠다고, 거기에 가지 않겠다고 다짐하는 일이다.
– 마크 트웨인

《습관의 힘》의 저자 찰스 두히그는 책에서 자신의 나쁜 습관을 어떻게 없앴는지 소개한다. 그는 매일 오후 카페에 가서 초콜릿 쿠키를 사온다. 그리고 가까이에 있는 동료와 세상 돌아가는 이야기를 하며 먹는다. 이 습관 때문에 그는 몇 kg이나 살이 찌고 말았다. 그가 이 습관을 없애기 위해 한 일련의 행동들을 요약해서 설명하자면 아래와 같다.

문제가 되는 반복행동은 '초콜릿 쿠키를 먹는 일'이다. 때문에 먼저 해야 할 일은 이 반복행동을 개시하는 '신호'가 무엇인지 밝혀내는 일이다. 앞에서도 말했듯이 찰스 두히그는 그 신호를 다음 5가지 기준으로 분류했다.

- 장소 : 어디에 있었는가?
- 시간 : 몇 시였는가?
- 심리상태 : 어떤 기분이었는가?
- 다른 사람 : 다른 누가 있었는가?
- 직전의 행동 : 무엇을 하고 있었는가?

며칠 동안 기록해보니, 그는 매일 15시 무렵에 쿠키를 먹고 싶어 했다. 그다음에 할 일은 진정한 보상이 무엇인지 확인하는 일이었다. 이 행동 속에는 '업무 중 기분전환', '당 충전', '동료와의 교류' 등 다양한 보상이 포함되어 있다. 때문에 각각의 보상을 하나씩 없애보면 정말 원했던 보상을 알 수 있다.

결과적으로 그가 얻고 싶었던 보상은 '업무 중 기분전환'으로 동료들과 세상 돌아가는 이야기를 하는 것이었다. 그래서 그는 15시에 알람을 맞추고 그것을 신호로 동료들 곁에 가서 대화를 나누는 습관을 들였다. 초콜릿 쿠키는 필요 없었다. 정말로 필요한 보상이 아니었던 것이다.

시도때도 없이 '좋아요'를 확인하는 습관을 없애는 방법

나는 수시로 트위터를 확인하는 습관이 있다. 내가 올린 메시지에 대한 반응이 궁금해서다. 이 책의 원고를 쓸 때도, 갑자기 괜찮은 아이디어들이 잇달아 떠올랐고 그것을 트위터에 올리고 싶었다. 그러나 그것을 전부 올리고 사람들의 반응을 보고 있자면 원고는 1장도 쓰지 못할 게 뻔했다.

그래서 나는 스마트폰 메모장에 '트위터'라는 이름의 파일을 만들었다. 그리고 트위터에 올리고 싶은 아이디어가 떠오를 때마다 거기에 적었다. 효과는 즉각적이었다. 나는 내가 트위터를 자주 확인하는 이유가 '좋아요' 때문이라고 생각했지만, 더 큰 보상은 내 아이디어를 까먹지 않고 보존할 수 있다는 것이었다. 누가 알아주든 말든 떠오른 아이디어를 기록해두는 것만으로도 나는 상당한 만족감을 얻었던 것이다.

무언가를 하고 싶은 욕구나 보상 자체를 없애는 일은 어렵다. 바꿀 수 있는 것은 반복행동의 내용이다. 이때 도움이 되는 것이 '1+'이라는 스마트폰 애플리케이션이다. 애플리케이션의 버튼을 터치하면 '1, 2, 3…' 하는 식으로 그저 숫자가 늘어가는, 단순한 구조다.

트위터를 열고 싶다는 충동에 사로잡힐 때 트위터를 여는 대신에 '+' 버튼을 터치한다. 그 순간 성취감과 보상을 느낄 수 있어서 일단 욕구가 멈춘다. 다리를 꼬는 것이든, 코를 후비는 것이든 '1+'는 버릇을 고치는 데도 사용할 수 있다. 무언가 하고 싶다는 생각이 드는 순간 버튼을 누르며, 이를 반복행동으로 만드는 것이다. 하루의 끝에 '10'이든 '20'이든 숫자가 쌓여 있으면 만족감을 느낄 수 있다.

STEP 07

나쁜 습관 탐정이 되어 '진범'을 찾는다

습관은 제2의 천성이며, 천성보다 10배 더 힘이 세다.
- 웰링턴 경Arthur Wellesley Wellington

나는 수년 넘게 아침에 일찍 일어나는 것을 목표로 삼아왔지만, 결국 해내지 못했다. 못 일어나는 이유도 다양했다. 그 수많은 이유 중에 일찍 일어나지 못하게 만드는 진짜 이유가 뭘까? 용의자가 너무 많았기 때문에 탐정처럼 진짜 범인을 찾을 필요가 있었다. 일찍 일어나는 것을 방해하는 진범에 대해 나는 다음과 같이 추리했다.

일어나고 싶은 시간에 알람이 울려도 '중단' 버튼을 연타해서 일어날 수 없다. 알람이 울리면 버튼을 누르는 것이 습관처럼 몸에 배어 있는 걸까? 애초에 필요한 만큼 잠을 충분히 자면 자연히 눈이 떠질 것이다. 그렇다면 수면시간이 충분하지 않은 걸까? 충분한 수면시간을 확보하지 못하는 것은 술을 마시고 늦게 잠들기 때문이다. 게다가 술 때문에 깊은 잠을 자지 못할 가능성도 높다. 역시 술은 진범후보 1순위다.

그런데 안주 때문일 수도 있다. 안주를 잔뜩 먹고 배가 부른 상태로 잠을 자기 때문이다. 내 위장은 밤새 음식물을 소화하느라 쉬지 못한다. 그러면 필요 이상으로 길게 잘 가능성도 크다. 아니면 베개가 너무 높거나 낮아서 나에게 맞지 않을 가능성도 있지 않을까? 이런저런 용의자들을 살펴보았지만, 역시 술이 진범일 가능성이 농후하다. 그렇다면 어째서 나는 술을 마시는 것일까? 그 내막에 어떤 진짜 이유가 따로 있는 것은 아닐까?

사건을 조사하던 중에 어느 날의 일기(조서)를 우연히 찾아냈다. 그날도 역시 나는 전날 술 마신 것을 후회하고 있었다. 일기의 내용은 이렇다. 먼저 업무 중에 써야 할 원고에 전혀 손을 대지 못해서 우울했다. 집에 돌아오는 길에 들른 슈퍼에서 맥주를 사는 것은 어떻게든 참았지만, 대신 과자를 샀다. 그러나 그것을 몇 분 만에 다 먹어치우자 기분이 확 나빠졌다(자기부정). 그래서 맥주를 향한 욕구를 억제하지 못하고 집 근처 가게로 뛰어갔다. 한 잔을 들이킨 후에는 멈출 수가 없었다. 도수가 더 높은 술을 사러 또 가게에 갔다.

이 악순환의 시작은 뭘까? 써야 할 원고에 손을 대지 못한 것, 그리고 그 일로 불안을 느낀 것이다. 결국 낮에 해야 할 일을 제대로 하지 못해서 술을 마셨고, 그 결과 나는 일찍 일어나지 못했다. 이런 식으로 습관이 무너지거나, 반대로 제대로 형성되어갈 때의 상황을 깊이 파고드는 일은 그것만으로도 꽤 즐겁다.

STEP 08

'원래 그런 사람'은 세상에 없다

다른 일에 몰두할 때, 말하자면 집중하고, 몰입하고, 교감하고, 영감을 받을 때,
혹은 춤을 출 때 우리는 경험하죠. 일종의 부수적인 효과를.
우리는 행복 그 자체보다 무언가를 추구할 때 얻어지는 행복에
더 관심을 기울여야 됩니다.
-《꾸뻬 씨의 행복여행》 중에서

신문기자나 편집자 중에는 책상 위에 책이나 서류를 산처럼 쌓아놓는 사람이 많다. 나도 예전에는 그랬다. 정말로 필요한 참고자료는 그리 많지 않았지만, 업무가 늘 바빠서 치울 엄두가 나지 않았다. 그런데 막상 '책상 위에 아무것도 놓지 말자.'라고 생각하자, 일할 때 불편한 상황이 생기기는커녕 오히려 더 편하게 일할 수 있었다. 기자들이나 편집자들에게는 왠지 모를 허세 같은 것이 있는데, 산처럼 쌓아놓은 서류도 허세의 일부 같다. 자신이 청소할 여유도 없이 맹렬하게 일하고 있다는 것을 어필하려는 것 아닐까? 나도 그랬던 것 같다.

프로는 그저 시간이 되면 일에 착수할 뿐이다

직업이 가진 고정관념이 있다. 작가라면 으레 마감을 지키지 못하는 법이고, 아티스트는 밤새 영감이 떠오르기를 기다린다. 어느 작가는 "원고는 마감 후에 쓰는 것."이라고 말했다. 마감시간이 거의 다 될 때까지 버티다가 영감이 찾아온 시점에 멧돼지처럼 원고지에 돌진해서 써내려간다는 것이다.

그러나 앞에서도 소개했던, 161명의 작가와 아티스트들의 일상을 담은 《리추얼》을 읽으면 그런 환상이 보기 좋게 깨진다. 실제로 자기 분야에서 눈부시게 활약하는 사람들의 일상은 상당히 규칙적이다. 화가 척 클로즈Chuck Close는 "영감이 솟아났을 때 그림을 그린다는 것은 아마추어 같은 생각이다. 프로는 그저 시간이 되면 일에 착수할 뿐이다."라고 말했다. 작곡가 존 아담스John Adams도 "내 경험을 통해 말하자면, 정말로 창조적인 사람들이 일하는 습관은 극히 평범하다."라고 말했다.

"나는 원래 그래."도 변한다

내가 말하고 싶은 것은 이런 직업들에 관련된 것뿐 아니다. 자신의 정체성이 전반적으로 변할 수 있다는 점이다. 예전에 나는 스스로를 '심야형 인간'이라고 믿었고, 술이 없으면 살아갈 수 없는 인간이라고 생각했다. 그리고 우리 가족은 대부분 상당히 뚱뚱한 편이어서 나 역시 뚱뚱했던 시절에는 이런 체질이 유전이라고 생각했다. '나는 원래 그런 사람'이라고 생각하면서 말이다.

그러나 사실은 그렇게 될 수밖에 없는 습관을 반복해왔을 뿐이며, 정체성이 변하지 않을 리가 없다. 미니멀리스트이기 때문에 정말로 원하는 물건까지 내다버린다는 것은 이치에 맞지 않는다. 현재 자신의 정체성이 미래의 행동을 속박해서는 안 된다.

STEP 09

'핵심습관'을 먼저 공략한다

인생은 할 수 있는 일에 집중하는 것이지,
할 수 없는 일을 후회하는 것이 아니다.
- 스티븐 호킹

습관 중에는 '핵심습관keystone habit'이라고 불리는 것이 있다. 핵심습관은 다른 습관에 도미노 같이 좋은 영향을 미치는, 가장 중요한 포인트가 되는 습관을 말한다. 대표적으로 청소, 운동, 일찍 일어나기 등을 들 수 있다.

나의 핵심습관은 역시 미니멀리즘에서 시작된 '청소'였다. 옷과 그릇의 수를 줄이자 세탁물과 설거지 등을 쌓아놓을 수가 없었고, 그래서 꾸준히 하게 되었다. 매번 양이 그리 많지 않아서 간단히 해치워버릴 수 있었다. 그러자 지금까지 싫어했던 집안일이 좋아졌다. 조건이 바뀌자, 싫어했던 것이 좋아진 것이다. 내가 습관에 흥미를 품은 첫 번째 계기는 이것이다. 사람은 간단히 할 수 있고, 보상이 있는 일을 좋아한다. 그리고 이것은 습관이 될 수 있다.

단순한 생활의 이점

물건을 엄선하게 되었으므로 쇼핑이나 물건을 관리하는 시간도 줄어들었다. 절약한 시간은 새로운 습관을 만드는 데에도 도움이 되었다. 물건을 줄인 것의 또 다른 이점은 다른 모든 습관의 장벽을 낮출 수 있다는 것이다.

가령, 내가 요가를 습관적으로 할 수 있는 이유는 방에 물건이 적어서 요가매트를 깔았다가 접는 것이 간단하기 때문이다. 운동복이 행방불명되면 그 이유만으로도 헬스장에 가기 싫어진다. 지저분한 방에서 일어나는 것과 깨끗한 방에서 일어나는 것은 기분이 다르다.

습관을 만들고 싶을 때, 무엇부터 시작해야 할지 모르겠다는 사람이 있다면 나는 첫걸음으로 물건 줄이는 일을 권한다. 적절하게 물건을 줄이면 아예 지저분해질 일 자체가 줄어든다. 복잡한 청소의 기술을 터득하지 않아도, 정리가 습관이 된다.

물론 습관을 들이는 순서는 사람에 따라 다르다. 운동습관을 들인 후에 물건을 정리한 사람도 있다. 그는 근력운동으로 신체를 단련하는 습관이 생기자 자연스럽게 옷태가 좋아졌고, 그 후로는 청바지에 티셔츠만 입어도 충분히 멋지다고 생각하게 되었다. 그다음 옷을 줄이는 일부터 시작해서 그 외의 소지품까지 줄였다. 먼저 다이어트부터 시작하는 것이 좋다는 사람도 있을 것이다. 아널드 슈워제네거Arnold Schwarzenegger처럼 보디빌딩이라는, 근육을 단련하는 습관에서 시작해서 배우, 정치가로 경력이 넓어진 사람도 있다.

'일찍 일어나기'는 좋은 습관의 대장

일찍 일어나기도 중요한 습관이다. 하교시간이나 퇴근시간은 내 마음대로 정할 수 없기 때문에 불규칙하지만, 아침에 일어나는 시간은 스스로 선택할 수 있다. 기상 직후는 집중력이 가장 높은 시간이다. 하루를 보내다 보면 예상하지 못한 일이 불쑥불쑥 일어나기 때문에 원하는 만큼 집중할 수가 없으니 몰두하고 싶은 일은 아침에 하는 것이 좋다.

나는 기본적으로 충분한 수면시간을 확보하고 있기 때문에 아침에 일찍 일어나는 것이 죽고 싶을 만큼 괴롭지는 않다. 그러나 조금 일찍 잠에서 깨면 좀 더 자고 싶다는 생각은 한다. 이를 극복하는 방법은 일찍 일어나는 것이 모든 습관에 영향을 미친다고 생각하는 것이다.

아침에 일찍 일어나지 않았을 때는 그다음에 실천해야 할 습관인 요가도, 명상도 안 하고 넘어가는 경우가 많았다. 1장에서 말했듯이 일찍 일어나지 못해서 '자기부정'이 생기고 의지력을 잃은 것이다. 그러면 남은 하루를 빈둥거리며 보내기도 한다.

일찍 일어나는 데 실패하면 남은 습관 전부가 무너진다. 그런 의미에서 일찍 일어나기는 습관의 선봉이며 대장이다. 일찍 일어나기의 책임을 무겁게 했더니 전보다 쉽게 일어날 수 있었다. 그 후 바로 하는 것은 요가로, 몸을 움직이면 머리가 금세 선명해진다. 몇 번이나 그 습관을 반복하면 '어차피 5분 후에는 눈이 번쩍 떠질 테니까.'라는 기분이 들어서 "으쌰!" 하고 일어날 수 있다.

STEP 10

자신을 관찰하는 일기를 쓴다

특별한 일을 하기 위해 특별한 일을 하는 것이 아니다.
특별한 일을 하기 위해 평소와 같은 일을 한다.
- 스즈키 이치로

일기쓰기는 최대한 초기에 습관으로 만드는 것이 좋다. 일기는 자신을 관찰하는 기록이기 때문이다. 이 책을 읽었다고 해서 단 한 번도 실패하지 않고 좋은 습관을 가질 수는 없다. 오히려 실패를 거듭해야 진짜 단점을 실감할 수 있다. 그러므로 실패한 내용을 자세히 기록하자. 어떤 상황에서 어떤 식으로 변명을 만들어내서 실패했는지 글로 남긴다. 그렇게 해두면 머지않아 비슷한 상황이 또 찾아왔을 때 쉽게 대응할 수 있다.

심리학자 켈리 맥고니걸Kelly McGonigal은 어떤 행위를 선택한 순간을 돌이켜보는 일이 중요하다고 주장했다. 자신이 언제 습관을 만들기 위한 중요한 결정을 했는지, 혹은 어떤 식으로 그럴듯한 변명을 만들어 도망갔는지, 기록을 통해 돌이켜보는 것이다.

스스로의 행동 경향을 알 수 있다

기록으로 남기지 않으면 자신의 형편에 맞게, 사실조차 얼마든지 왜곡할 수 있다. 대표적으로 '동기가 부여된 추론'이라는 심리현상이 있다. 먼저 '한다.' 혹은 '하지 않는다.'를 정한 뒤에 그 이유를 꾸며내는 일을 말한다.

나는 단것을 끊으려고 애쓰다가 한동안 참지 못한 적이 있었다. 그때 나는 일기에 이렇게 썼다. '단것은 계속 끊기보다 가끔 한꺼번에 먹는 치팅데이cheating day가 있는 편이 효과적이라고 책에서 봤다.' 치팅데이는 다이어트를 할 때 1~2주에 하루 정도는 먹고 싶었던 것을 마음껏 먹는 날이다. 그 결과 또 수없이 많은 치팅데이를 만들고 말았다. 마찬가지로 술을 끊을 때 쓴 일기를 다시 읽어 보면 '레드와인에 지방연소 효과가 있다는 사실이 밝혀졌다!', '오늘은 증쇄를 축하하는 날이다!'라며 오만 가지 이유를 붙여서 술을 마셨다. 사실은 증쇄를 축하하고 싶었던 것이 아니라 그저 술을 마시고 싶었을 뿐이다.

그럴듯한 이유를 고안해내면 게임 끝이다. 더 이상 멈출 수 없다. 기록해두지 않으면 자신이 어떤 순간에 이런 이유를 짜냈는지, 기억마저 조작하게 되고, 결과적으로 같은 실수를 반복한다. 기록은 무자비하다. 내 일기장에는 '술을 딱 한 잔만 마시려고 했는데 멈출 수가 없었다.'라는 후회의 고백이 여러 번 나온다. 이렇게 기록을 계속하면 마침내 자신의 단점을 명확히 자각할 수 있다. 나에게 '술을 한 잔만 마신다.'는 것은 절대 이룰 수 없는 꿈, 불가능한 꿈인 것이다.

사실만 기록하면 된다

일기쓰기로 자신을 관찰하면 자신의 숨겨진 경향을 알 수 있다. 나는 키가 176cm인데, 체중이 67kg을 넘으면 허리둘레와 턱살이 몰라보게 늘어난다. 거울을 볼 때마다 신경이 쓰일 뿐만 아니라, 일할 때 집중력도 떨어진다. 그 체중을 넘겼을 때 항상 똑같은 반응이 나타난다는 것을 일기를 통해 깨달았다. 그래서 67kg이라는 명확한 체중의 경계선을 넘지 않도록 신경 쓴다. 또한 기록으로 남기면, 어떤 상황에서 불안하거나 뭔가 분명하지 못해 불쾌한 기분을 느끼는지 객관적으로 파악할 수 있다.

그런데 일기쓰기도 지속해서 하기가 쉽지 않다. 왜일까? 잘 쓰려고 애쓰기 때문이다. 계속 쓰고 싶다면, 잘 쓰려고 하지 말고 그냥 있는 그대로의 사실을 드라이하게 써야 한다. 사람들은 일기를 쓸 때 비유와 교훈이 담긴 인생 에세이처럼 쓰려고 한다. 그러면 매일매일 쓸 수 없다. 《안네의 일기》는 누군가가 읽을 것을 전제로 쓰지 않았지만 엄청난 베스트셀러가 되었다. 그러나 우리는 안네 프랑크가 아니다. 누가 본다고 생각하지 말고 그저 나만 알도록 팩트fact를 기록하면 된다.

내가 일기를 꾸준히 쓰게 된 것은 오모테 사부로의 《인생을 바꾸는 자신과의 대화》라는 책을 읽은 다음부터다. 오모테 사부로는 일기를 '기록'이라고 말했다. 그래서 30년 동안 꾸준히 쓴 그의 일기에는 '사과주스를 마셨다. 담배를 피웠다.' 같은 일상의 사실이 쓰여 있다. 한 편의 멋진 에세이가 나올 만큼 인상적이거나 특별한 일은 매일 일어나지 않지만, 사실적인 일은 매일 일어난다. 그래서 처음에는 사실을 쓰면 된다. '7시에 일어났다. 점심은 새우튀김 정식을 먹었다.'와 같은 사소한 사실이라도 꼼꼼히 기록해두면, 나중에 다시 읽었을 때 기억이 되살아나서 재밌다.

사람마다 상황이 다를 것이다. 하지만 일기는 나쁜 습관을 버리고 좋은 습관을 만들기 위한 나만의 '진료 기록부'가 된다. 그 기록부에 맞게 약도 스스로 처방할 수 있다.

STEP 11

명상으로 '차가운 시스템'을 훈련한다

괴로움은 없어지지 않는다. 괴로움으로 없어지는 것이다.
- 나가이 소초쿠, 승려

처음에는 명상을 습관으로 만드는 것도 추천할 만하다. 차가운 시스템인 인지를 훈련할 수 있기 때문이다. 명상은 '메타인지 metacognition'와 관련된 훈련이다. 메타인지란 자신이 무언가를 생각하고 느끼는지 그 자체를 제3자의 시선으로 바라보는 일이다. '마시멜로를 먹고 싶다.'가 아니라 '마시멜로를 먹고 싶은 내가 있구나.'라고 생각하는 일이다.

사람은 하루 7만 가지 일을 생각한다고 하는데, 명상은 그렇게 제멋대로 떠오르는 생각 자체를 의식하고, 의식을 호흡으로 되찾는 행위다. 의식하는 것은 호흡을 피부로 느끼는 일이다. 코를 통해 공기가 들어오고, 목을 지나 폐로 들어가고, 다시 되돌아 나가는 피부 곳곳으로 의식을 모아본다. 실제로 해보면 그것이 보통의 의지나 노력으로는 쉽게 되지 않는다는 것을 알 수 있다. 의식은 금세 엉뚱한 방향으로 날아가기 때문이다. 그러나 명상을 계속하면 자신의 욕구나 감정을 객관적으로 바라볼 수 있다. 생각하는 일 자체를 깨달아가는 연습이 명상이기 때문이다.

내가 명상을 습관으로 만들 수 있었던 가장 결정적인 이유는, 보상이 곧바로 찾아오기 때문이 아닐까 싶다. 명상을 끝내고 나면 눈에 들어오는 풍경의 해상도가 올라간 듯한 느낌이 든다. 뇌에 달라붙은 이런저런 찌꺼기가 떨어져 나간 것처럼 상쾌하고 기분이 좋아진다.

제3자의 눈으로 나를 보는 법

명상은 알코올 의존증 치료에도 사용되고 있다. 명상을 하면 뇌의 후대상피질posterior cingulate cortex이라는 영역의 활동이 억제된다는 것이 밝혀졌다. 이 영역은 같은 일을 반복해서 생각하는 일과 연관된다. 같은 일만을 생각하다 보면 억제할 수 없는 불안과 불쾌함이 생길 수 있다. '나는 형편없는 인간이다.', '무엇을 해도 제대로 되지 않는다.'와 같은 자신의 믿음을 제3자의 눈으로 보는 데에 명상이 효과적이다.

STEP 12

시작하기 전에는 '의욕'이 나지 않는 것이 정상

문제는 의욕이 나지 않는 것이 아니다.
의욕을 내야 한다고 믿는 것이다.
- 올리버 버크먼Oliver Burkeman

매일 운동을 하는 습관이 없었던 시절, 나는 바벨을 들거나 러닝머신 위에서 달리는 일보다 헬스장에 가는 일 자체가 어렵다는 사실을 깨달았다. 바벨을 들어 올리고 있을 때는 끝나고 집에 갈까 말까 고민하지 않는다. 한창 달리고 있는 도중에는 더 달릴까 말까 망설이지 않는다. 그러나 헬스장에 가기 전에는 '오늘 꼭 가야 하나? 왠지 귀찮은데.' 하고 망설이거나 '오늘은 도무지 의욕이 없네.'라고 생각하곤 한다.

[나쁜 습관을 버리지 못하는 이유]

의욕이 나지 않는데 어떻게 계속하나?

문제는 기다리다 보면 의욕이 어딘가에서 자연히 찾아올 것이라는 믿음이다. 이것이 잘못되었다는 것은 뇌과학자 이케가야 유지가 한 말이 완벽하게 표현하고 있다.

"시작하지 않으면 의욕이 나지 않는다. 뇌의 측좌핵nucleus accumbens이 활동하면 의욕이 생기는데, 측좌핵은 무언가를 시작하지 않으면 활동하지 않기 때문이다."

일단 무언가를 하기 시작하면 의욕이 생긴다. 이 프로세스를 '작동흥분이론work excitement theory'이라고 한다. 헬스장에 가는 일은 어렵지만, 일단 가서 시작하면 뇌는 의욕을 만들어내 운동하는 일 자체는 어렵지 않다.

중요한 것은 스스로 정한 습관을 지키면 후회할 일이 없다는 것이다. 누구나 하고자 했던 것을 실천하지 않아서 후회한 적이 많을 것이다. 그러나 일찍 일어난 후에 괜히 일찍 일어났다고 후회하거나, 운동한 후에 운동을 해서 손해가 막심하다고 생각하지는 않는다. 게으름을 피우고 싶다면 '후회하지 않겠는가?'라는 질문을 스스로 던져보는 것도 효과적이다.

이것은 인생에서 중요한 선택을 할 때도 마찬가지다.

티나 실리그Tina Seelig는 "판단하는 것을 망설여진다면, 분명히 나중에 그럴 수밖에 없었던 이야기를 지어낸다."라고 말했다. 내 인생을 다른 사람에게 이야기한다고 했을 때, 원했던 선택지를 고르지 못한 이유가 '바빠서, 돈이 없어서, 능력이 부족해서'라면 아무도 그 이야기에 귀를 기울이지 않을 것이다.

STEP 13

일단 진입장벽을 최대한 낮춘다

누군가는 언제나 다른 누군가가 불가능하다고 말한
어떤 일을 하고 있다.
- 작자 미상

의욕은 어떻게 생겨날까? 의욕을 내려면 일단 시작해야 한다. 그렇다면 시작은 어떻게 해야 할까? 철저하게 진입장벽을 낮추는 것이 중요하다. 시작하는 일의 어려움을 표현한 다양한 비유가 있다. 차바퀴는 돌아가기 시작할 때 가장 큰 힘이 필요하고 한 번만 회전하면 지속하는 데 큰 힘을 필요로 하지 않는다. 전철은 움직일 때만 모터를 사용하고 이후에는 관성으로 움직인다. 로켓이 발사 직후 몇 분 동안 사용하는 연료는 그 후 80만 km를 가는 데 쓰는 양보다 많다.

영어공부를 시작했을 때는 아무것도 들리지 않아서 괴롭지만, 점차 아는 부분이 늘어나면 공부하기가 편해진다. 그래서 차바퀴가 움직이기 시작하는, 가장 커다란 힘이 필요한 지점에 놓인 장해물을 최대한 제거하는 일, 길가에 널려 있는 돌멩이를 가급적 제거하는 일이 중요하다.

시작하기가 너무 쉬우면 그 습관을 없앨 수가 없다

반대로 사람들이 버리지 못하는 행위는 대개 진입장벽이 낮다. 가령 술을 만드는 일은 매우 어렵지만, 마시는 것은 간단하다. 사서 컵에 따르기만 하면 된다. 담배도 작고 가벼워서 불을 붙이고 들이마시기만 하면 된다. 게임이나 도박을 할 때도 우리는 고통을 주거나 땀 흘릴 필요 없이 손으로 조작만 하면 된다.

스마트폰 역시 크기가 작아서 주머니에 넣어뒀다가 쉽게 꺼낼 수 있으므로 쉽게 중독된다. 최근에는 전철에서 신문을 작게 접어서 읽는 모습을 찾아보기가 어려운데, 이미 번거로운 행위가 되었기 때문이다. 언젠가 사람들의 스마트폰 중독을 고민한 정부가 '스마트폰의 크기를 아이패드iPad보다 작게 만들지 말 것'이라는 법률을 만들지도 모른다. 반대로 경제학자 노구치 유키오는 소파에 드러누워 스마트폰의 소리입력 기능으로 책을 쓰기도 한다. 스마트폰의 낮은 진입장벽을 일하는 데 활용한 것이다.

행위의 장벽을 낮추는 일을 가장 열심히 연구하는 곳이 아마존일 것이다. 클릭 한 번으로 결제가 끝날 뿐 아니라 물리적인 버튼을 누르기만 해도 상품을 주문할 수 있는 대시버튼(예를 들어 세탁기 옆에 세제 버튼을 놓아두면 세제가 떨어졌을 때 언제라도 주문할 수 있다.), 최근에는 스마트 스피커로 "알렉사, 콜라를 주문해줘."라고 말을 걸기만 해도 주문이 가능한 수준이다.

어딘가에서 재해가 일어나면, 온라인을 통해 기부를 하고 싶을 때가 있다. 그때 새롭게 ID나 패스워드를 등록하거나, 아마존이라면 알아서 해주었을 신용카드 번호를 등록하는 과정을 거치다 보면 도중에 포기하거나 단념하는 경우가 많다. 아마존이 편리한 쇼핑의 최고라고 불리는 이유는 진입장벽을 극단적으로 낮추었기 때문이다.

낮춰야 할 3가지 장벽 – 거리, 시간, 순서

우리가 습관을 만들 때 낮춰야 할 장벽에는 거리, 시간, 순서가 있다. 먼저 거리와 시간의 장벽을 살펴보자. 달리기를 할 때 멋진 장소에 가서 한다면 얼마나 즐거울까? 하지만 그곳이 전철을 타고 1시간이나 가야 한다면 습관이 되기 어렵다. 집 근처에서 달리기 코스를 찾아야 꾸준히 할 수 있다. 헬스장에 다닌다면 무엇보다 집에서 가까운 곳이 최고다. 어떤 일을 지속하고 싶다면 먼저 거리를 확 줄이자.

다음은 '순서'라는 장벽이 기다리고 있다. 나는 헬스장에 다니는 습관을 들일 때 일단 필요한 물건을 줄였다. 어느 날 여느 때처럼 운동을 하러 갈지 말지 고민하고 있었다. 그래서 내가 헬스장에 갈 때의 순서를 전부 들추어보고 무엇이 걸리적거리는지 생각해보았다.

헬스장은 집에서 가깝고, 자동차를 타면 금세 도착한다. 그 과정에서 발견한 장벽 중 하나는 꼭 끼는 타이츠를 입거나 벗는 번거로운 행위였다. 사소한 일이지만, 그런 일이 쌓이면 의욕이 꺽인다. 운동할 때 타이츠를 입는 스타일이 멋있다고 생각했지만, 입고 벗기 편한 평범한 바지를 입기로 했다. 일부러 스포츠음료를 챙겨 가던 일도 중단하고 그냥 물을 마시기로 했다. 신발을 넣는 봉투나 갈아입을 옷을 넣는 가방도 꺼내기 쉬운 것으로 바꾸었다. 사소한 일이지만 결과적으로 헬스장에 가는 습관이 생겼으니 큰 효과를 거둔 셈이다.

순서의 장벽을 낮추는 일에 관해서 이런 재밌는 조언도 있다. 마라토너 다니가와 마리는 겨울에 매일 아침 달리기를 하고 싶다면 파자마를 입은 채로 바로 나가라고 말했다. 분명 추운 아침에 잠에서 깬 다음 옷을 갈아입으면서 느끼는 괴로움이나 번거로움을 제거하면 습관을 만들기가 쉬울 것이다.

어쩌면 심리적인 장벽이 더 큰 문제일 수도

심리적인 장벽도 크게 방해가 된다. 나는 처음 요가교실에 갔을 때 여러 가지 장벽을 느꼈다. '몸이 너무 뻣뻣해서 웃음거리가 될지도 몰라.', '전부 여자고 나만 남자면 어쩌지?' 등등.

그러나 이런 장벽은 초심자라면 누구나 느끼는 것이다. 요가를 시작하는 사람이 자주 하는 질문이기도 하다. 몸은 몇 살부터라도 부드러워질 수 있다. 몸이 굳은 사람이 원래 유연했던 사람보다 더 극적인 변화를 경험할 수 있고, 무엇보다 요가의 목적은 동작을 취하는 일이 아니다. 조금 익숙해지면 남자가 적은 클래스가 오히려 즐거울지도 모른다.

STEP 14

조그마한 장애물도 놔두지 않는다

마음을 바꾸면 태도가 바뀐다. 태도가 바뀌면 행동이 바뀐다.
행동이 바뀌면 습관이 바뀐다. 습관이 바뀌면 인격이 바뀐다.
인격이 바뀌면 운명이 바뀐다. 운명이 바뀌면 인생이 바뀐다.
- 힌두교의 가르침

인류는 대량의 정보를 눈앞에 두고 점점 성급해지고 있다. 웹페이지가 열리는 시간이 2초일 때까지는 뒤로 돌아가는 비율이 9% 정도이지만, 5초가 되면 40% 가까운 사람이 그 웹사이트를 보는 것을 관둔다고 한다. 요컨대 웹사이트에 얼마나 재밌는 콘텐츠가 있든, 얼마나 멋진 상품을 팔든, 시간이 걸리면 나가버린다는 것이다.

일기를 쓰려고 워드Word 프로그램을 켜도 로딩이 지나치게 오래 걸리면 기운이 한풀 꺾이고 만다. 그래서 나는 습관이 들 때까지는 운영체제에 기본으로 제공되는 메모장을 사용했다. 빠르게 시작할 수 있고 에러도 적으므로 도중에 관둘 일이 없다. 이처럼 사람의 의욕은 사소한 장벽에도 날아가 버린다.

디폴트 값을 어떻게 설정하느냐

행동경제학자 댄 애리얼리Dan Ariely가 소개한 사례는 상당히 충격적이다. 인공 고관절 치환 수술을 검토할 때 기존의 처방약 1종류가 빠졌다는 사실을 안 의사는 수술을 미루는 경우가 많았다. 1종류의 약이 빠졌으니 일단 그 약을 시도해본 다음에 수술 여부를 판단하려는 것이다. 그러나 약이 2종류 누락되었다는 것을 알게 되면, 그냥 수술을 선택하는 경우가 많았다고 한다. 조금 귀찮은 작업 앞에서 의사들은 수술을 택한 것이다.

사후 장기기증 같은 중대한 문제에도 비슷한 사례가 있다. "장기기증을 하고 싶다면 체크해주세요."라는 말을 들었을 때는 장기기증 비율이 낮아진다. 하지만 "장기기증을 하고 싶지 않다면 체크하세요."라고 하면 기증하는 비율이 올라간다. 장기기증 같은 어려운 문제를 눈앞에 두면 사람은 판단을 보류하고 디폴트 상태(초기 설정 값)를 고르기 때문이다.

STEP 15

버리고 싶은 습관은 진입장벽을 높인다

나는 온갖 일에 저항할 수 있다. 유혹을 제외하고는.
- 오스카 와일드Oscar Wilde

피스타치오는 하나하나 딱딱한 껍질을 벗기는 것이 귀찮기 때문에 다른 견과에 비해 그나마 좀 덜 먹게 된다. 이것을 나는 '피스타치오 이론'이라고 부른다. 버리고 싶은 습관이 있다면 이런 피스타치오의 껍질처럼 이용할 것이 없는지 찾아보고, 일단 진입장벽을 높여야 한다.

나는 SNS 애플리케이션을 스마트폰에 설치해두면 나도 모르게 자꾸 보게 되므로 애플리케이션을 설치하지 않고 웹브라우저로 본다. 그리고 다 보고 나면 매번 로그아웃을 한다. 이렇게 해두면 보고 싶을 때마다 다시 로그인을 해야 하는 번거로움이 있다. 패스워드 입력과 2단계 인증을 하다 보면 SNS를 보고 싶은 마음이 사라지기도 한다.

나는 대학입시를 준비할 때도 공부하는 습관을 만들기 위해 책상에서 쉽게 도망칠 수 없도록 머리를 썼다. 벽을 등지고 의자에 앉은 뒤 책상을 벽에 가까이 붙였다. 공부를 하다가 잠시 숨을 돌리고 싶으면 무거운 책상을 뒤로 밀어야만 의자에서 일어설 수 있도록, 일부러 그렇게 한 것이다. 이러한 물리적인 구속은 상당히 효과적이었다.

- 아침에 일어날 때 바로 알람 중단버튼을 누르지 않도록 스마트폰을 방에서 먼 곳에 둔다.
- 일반적인 신용카드가 아니라 체크카드로 계좌에 있는 액수만큼만 돈을 쓰면 낭비하는 소비습관을 고칠 수 있다.
- 집에 텔레비전이 없으면, 텔레비전 앞에 누워 빈둥거리는 일 자체가 불가능하다.

그레첸 루빈은 《나는 오늘부터 달라지기로 결심했다》에서 다음과 같이 흥미로운 방법을 소개한다.

- 빨리 먹기를 방지하기 위해 주로 쓰는 손이 아닌 반대쪽 손으로 먹는다.

• 초콜릿은 복잡한 암호를 입력해야 열 수 있는 금고에 넣어 둔다(나 역시 과식을 막기 위해 견과를 주방이 아닌 자동차 안에 둔다).
• 작가 빅토르 위고는 하인에게 옷을 모두 감추라고 했다. 그런 식으로 밖에 나갈 수 없는 상황을 만들어 집필에 전념했다.
• 알코올 의존증인 사람 중에는 호텔에 체크인할 때 미리 미니바를 비워달라고 부탁하는 사람도 있다.

내 의지력을 믿지 마라

이렇게 장벽을 만드는 것은 자신의 의지력을 신뢰하지 않는다는 뜻이다. 자신이 나약하다는 것을 냉정하게 받아들이고, 유혹에 이기지 못하는 것을 전제로 한다. 가장 가혹한 예는 그리스 신화 《오디세이아》에 나오는 내용이다. 반인반어인 세이렌의 노래에 홀리지 않기 위해 오디세우스는 선원들에게 자신을 돛대에 묶으라고 명령한다.

"내가 풀어달라고 애원하면 더 강하게 묶어라."

STEP 16

초기 투자에 돈을 들인다

성공에 사로잡히지 마라! 성장에 사로잡혀라.
- 혼다 게이스케, 축구선수

나는 작년부터 클래식 기타를 배우기 시작했다. 기타는 통상 입문용이 2~3만 엔이고, 비싼 것은 수백만 엔을 호가하기도 한다. 물론 예산에 따라 다르지만, 나는 일부러 조금이라도 좋은 것을 고른다. 내가 산 것은 6만 엔짜리 기타였다.

무언가를 시작할 때 우리는 일단 저렴한 도구를 사서 익숙해진 다음, 더 좋은 것을 사자고 생각한다. 이런 생각이 반드시 틀렸다고 할 수는 없다. 그러나 어느 정도 금액을 들이면 그것을 계속 하지 않고 방치하는 일이 벌칙이 된다. 하지도 않는 일에 들인 금액이 떠오르기 때문이다. 조금 좋은 것을 고르면 소재나 디자인도 수준이 올라가므로 손이 더 자주 가게 마련이다.

일단 겉모양부터 신경 쓰는 것도 습관을 만드는 데 도움이 된다. 운동할 때도 입으면 기분 좋아지는 옷이나 신발을 준비해두면 적응하기 힘들 때 큰 도움이 된다. 청소도구를 고급으로 바꾸면 귀찮은 청소가 쉬워진다. 보기만 해도 마음이 설레는 디자인의 우산을 샀다면, 장마가 와도 조금 즐거워진다.

[나쁜 습관을 버리지 못하는 이유]

"그것이 없으면 절대로 안 돼!"

만화가 데츠카 오사무는 원고를 그릴 때 종종 특이한 것을 요구했다고 한다. "멜론이 없으면 그림을 그릴 수 없다."거나 "시모키타자와(도쿄의 옛 모습을 간직한 지역 - 옮긴이)의 빨간 유부우동이 필요하다."고 말한 일화도 있다. 정신이 멍해지는 업무량을 다 소화하려면 가끔은 이런 요구를 해야 했던 것일까?

전혀 다르지만, 나는 등산을 시작하기 전에 필요한 도구를 갖추지 못해서 투덜거린 적이 있다. 기분이 좋아지는 도구를 갖추는 일은 효과적이지만, 때로는 도구가 좀 부족하더라도 일단 산에 올라가보는 추진력도 필요하다.

STEP 17

목표의 덩어리를 잘게 나눈다

앞으로 나아가기 위한 비결은 일단 시작하는 것이다.
일단 시작하기 위한 비결은 복잡하고 압도적인 일을
다루기 쉬운 작은 일로 분해한 뒤 맨 처음의 하나를 시작하는 것이다.
- 마크 트웨인

큰 문제를 작은 문제로 분해하는 '청크 다운chunk down'에 관해서는 위에서 마크 트웨인이 한 말이 모든 것을 설명하고 있다. '청크chunk'는 '덩어리'다. 그 커다란 덩어리를 작은 요소로 나누어야 한다. 우리가 귀찮아하는 일은 순서가 뒤섞인 다수의 일이 덩어리처럼 뭉쳐진 것일 가능성이 크다. 그래서 귀찮게 여겨지는 일이 있다면 그 일을 하는 데 필요한 순서를 전부 나열해 적어보기를 권한다. 가령 헬스장에 다니기 시작하려면 다음과 같은 여러 가지 순서를 거쳐야 한다.

- 운동복을 산다.
- 신발을 산다.

• 월정액 회비를 조사하고 나에게 알맞은 프로그램을 고른다.
• 신분증을 가지고 헬스장에 방문해 회원증을 만든다.
• 로커나 머신의 사용법을 배운다.

이런 순서를 머릿속에서 공기놀이를 하듯이 던지기만 하면 굉장히 번거롭게 느껴진다.

'헬스장에 가려면 옷이랑 신발도 사야 하고, 프로그램은 어떤 것을 선택해야 할까? 머신을 사용하는 것도 복잡해 보이고…. 맞아, 먼저 옷을 사야 하는데.'

이렇게 순서가 처음으로 돌아가거나 같은 일로 여러 번 고민하기도 한다. 실제로 하나하나 적어보면 생각해야 할 요소가 적다는 것을 알 수 있다. 글로 적어놓고 하루에 1가지씩만 처리해도 언젠가 목표에 도달할 수 있다.

몇 단계만 거치면 뱀공포증을 극복할 수 있다

심리학자 앨버트 반두라Albert Bandura는 단기간에 공포증을 치료하는 방법을 개발했다. 예를 들어 뱀에 관해 느끼는 공포증을 치료하는 경우, 청크 다운은 이렇다. 뱀공포증이 있는 사람에게 갑자기 "옆방에 뱀이 있으니까 갑시다."라고 하면 당연히 "미쳤어요? 안 가요!"라고 대답한다. 그래서 먼저 유리창 너머로 뱀이 있는 방을 들여다보게 한다. 동물원처럼 안전한 행위다. 그리고 몇 단계를 거쳐 문을 열어놓은 채 안을 들여다보게 한다.

그것에도 익숙해지면 몇 단계를 더 거친 뒤 두꺼운 가죽장갑을 끼고 뱀을 만지게 한다. 뱀을 만질 수 있으면 계속 뱀을 두려워하던 사람들이 "이 뱀은 어쩜 이렇게 예쁘지."라고 말하거나 무릎 위에 올려놓기도 한다. 갑자기 뱀을 만지는 것은 어렵지만 조금씩 단계별로 진행해가면 스스로 생각조차 해본 적 없는 일에도 손댈 수 있다.

일찍 일어나기 청크 다운

일찍 일어나는 요령도 마찬가지다. 갑자기 이불을 박차고 벌떡 일어나는 것은, '일찍 일어나기' 과정의 최종결과다. 사실 추운 겨울에는 이불 밖으로 몸을 밀어내는 일이 마치 천 길 낭떠러지에 몸을 던지는 일처럼 느껴진다.

• 먼저 눈만 뜬다(몸은 자고 있어도 된다).

- 이불을 반만 걷는다.
- 상체를 일으켜 일단 침대에 앉는다.
- 한 발만 침대 밖으로 내밀어본다.

침대에서 한 발만 밀어냈을 때도 정말 어찌할 수 없이 졸음이 몰려온다면 침대로 돌아가도 좋다고 자신에게 이야기한다. 아침에 늦잠을 자는 이유는, 침대에서 일어났다가 다시 자기 때문이 아니라 애초에 눈을 뜨지도 못한 상태가 이어지기 때문이다.

성공확률 100% 데이트 신청법

스티븐 기즈Stephen Guise가 쓴 《습관의 재발견》에 적절한 청크 다운의 사례가 나온다. 좋아하는 여자에게 데이트를 신청하는 방법이다.

먼저 그녀가 있는 방향으로 왼발을 한 걸음 내디딘다. 다음으로 오른발을 한 걸음 내민다. 계속 그렇게 하면 곧 그녀가 있는 장소에 도달한다. 그녀는 당신에게 "왜 그렇게 이상하게 걷고 있어요?"라고 물어올 것이다. 그것이 대화의 시작이 된다.

STEP 18

목표는 말도 안 되게 '작게' 잡는다

재능을 운운하는 일은 그 사람의 노력을 뛰어넘은 뒤에 해도 된다.
- 다케이 소우, 방송인

재밌는 게임을 멈출 수 없는 것은 난이도의 균형이 절묘하게 설정해두었기 때문이다. 처음에는 별로 어렵지 않으므로 플레이어는 성장하면서 서서히 보람을 느낀다. 다음 성장의 보상을 얻기 위한 시간도 그다지 오래 걸리지 않는다.

게임을 그만두고 싶어진 순간에 나는 깨달은 바가 있다. 그것은 무리한 공격을 해오는 보스 캐릭터를 아무리 열심히 해도 물리칠 수 없을 때였다. 무언가를 그만두고 싶어지는 것은, 보상을 얻어 만족했을 때가 아니라 열심히 해도 보상을 얻지 못하는 때다. 습관 만들기는 그런 의미에서 형편없는 게임이다. 처음이 가장 어렵기 때문이다. 게임으로 치면 보스 캐릭터가 맨 처음에 나오는 것과 같다. 그래서 스스로 기대 수준을 낮추어야 한다.

작심삼일의 주된 원인은 난이도가 적절하게 설정되어 있지 않기 때문이다. 새해 목표를 세우고 며칠이 지났을 무렵에는 의욕만 앞세워 몇 가지 목표를 반드시 이루겠다고 고군분투한다. 며칠 동안은 다시 태어난 것처럼 느낄지도 모른다. 그러나 조만간 목표로 했던 행동을 하기 귀찮아하는 자신을 발견한다.

[나쁜 습관을 버리지 못하는 이유]

"이래서 귀찮고, 저래서 곤란하고…."

예를 들어 팔굽혀펴기 30번과 달리기 3km를 새해의 목표로 세웠다고 하자. 목표 자체는 나쁘지 않고, 사흘은 지속할 수 있을지도 모른다. 그러다가 마음이 내키지 않는 까닭은 시작하기도 전에 팔굽혀펴기를 하면서 근육이 찢어지는 듯한 고통이나 달리기를 할 때 숨이 가빠오는 느낌이 또렷이 떠오르기 때문이다. 물론 운동을 몇 번 한다고 해서 금방 신체에 변화가 찾아올 리 없다. 그래서 시작하는 것이 귀찮아지고, 적당한 변명을 만들어서 작심삼일로 끝나고 만다. 이것이 곤란의 자각이다.

시작하는 것이 가장 어렵다는 이야기는 앞에서도 밝혔다. 일단 시작한 시점부터 뇌에서는 의욕이 솟구친다. 청소나 정리도 마찬가지다. 시작하기 전에는 할까 말까 고민하지만, 시작한 다음에는 구석구석 쓸고 닦게 되지 않는가? 승려 나가이 소초쿠도 "일단 걸레를 들면 이쪽도 조금 더 닦을까 하고 생각하지 않나요?"라고 말했다.

목표를 바보스러울 정도로 작게 설정해보면 어떨까? 일단 시작하려면 기준이 되는 목표(팔굽혀펴기 30회)가 있다고 해도 그것 대신 팔굽혀펴기 1번을 목표로 하는 것이 좋다. 그러면 시작하는 데 어려움을 느끼지 않고, 자세를 잡은 김에 '10번 정도 더 해볼까?' 하고 생각하기 마련이다.

[나쁜 습관을 버리지 못하는 이유]

"실패하면 나 자신에게 실망하겠지…?"

목표를 작게 잡는 데는 또 다른 이점이 있다. 습관을 들이는 데 무엇보다 중요한 것은 '자기부정'을 하지 않는 것이다. '자기부정'이라는 나쁜 감정이 의지력을 갉아먹으면 다음 행동에 악영향을 미친다는 것을 1장에서 살펴보았다. 목표를 팔굽혀펴기 1번으로 설정해두면 다른 일이 바빠서 정말로 1번밖에 하지 못하는 날에도 자기부정감이 생기지 않는다. 설정한 목표는 제대로 달성했기 때문이다.

나도 해야 할 일을 두고 할까 말까 고민할 때는 일단 그 장소에 가거나 시작하는 것만을 목표로 정한다. 그리고 스스로에게 종종 이렇게 말했다.

"헬스장에 딱 한 걸음만 들어가거나, 러닝슈즈를 신은 순간에도 기분이 내키지 않으면 돌아와도 돼."

한 친구도 나에게 이런 이야기를 해주었다.

"월요일에는 항상 우울하고 쉬고 싶어. 그럴 때는 목표를 '회사에 가서 의자에 앉는 것'으로 정하는 거야. 의자에 앉는 일은 어렵지 않고, 앉으면 자연히 무슨 일이라도 하게 되니까."

배우 고바야시 료코는 어학공부를 하기 위해 외국어로 일기쓰기를 5년 이상 지속해서 습관으로 만들었다. 물론 쉬운 일은 아니기 때문에 일기를 쓰고 싶지 않은 날도 많았다고 한다. 그럴 때는 일단 '오늘은 쓰고 싶지 않다.'라고 일기장에 썼다고 한다. 그러면 이어지는 말이 나온다. '그러니까 어제는 일이 아주 힘들었고….'라고 일기를 쓰고 싶지 않은 이유로 일기가 채워진다. 이것도 하나의 '작동흥분이론' 기술이다.

STEP 19

지금 당장, 오늘부터 시작한다

내일로 미루는 것은 바보 같은 짓이다.
- 드라마 '프러포즈 대작전' 중에서

습관으로 만들고 싶은 일을 시작할 때 사람들은 대체로 어떤 시점을 설정하고 그때부터 하려고 한다. 1월 1일, 다음 달 1일, 다음 주 월요일처럼 말이다. 새해 목표는 왜 12월 27일부터 시작하면 안 될까? 아니, 내년의 목표를 어렴풋이 생각하기 시작하는 11월 15일부터 시작하는 것이 사실은 더 효율적이지 않을까?

[나쁜 습관을 버리지 못하는 이유]

"1월 1일부터 시작할 거야!"

아침에 회사에서 조금 빈둥거리며 '오후부터 열심히 하자.', '내일부터 열심히 하면 되겠지.' 하고 생각할 때가 있다. 어차피 이렇게 되었으니 차라리 시간을 정해놓고 그때까지만 게으름을 피우자고 마음먹는 것이다.

계절도 실천을 뒤로 미루는 변명이 된다. 겨울에는 추워서 운동하기 힘드니 '따뜻해진 뒤에 시작하자.'라고 한다. 그러나 봄이 오면 꽃가루 알레르기 때문에 힘들고, 환절기에 적응하느라 힘들다. 장마철에는 비가 많이 와서, 여름은 너무 더워서, 가을은 마음이 쓸쓸해서 힘들다. 이렇게 핑계를 대기 시작하면 1년 내내 시작할 수가 없다.

무언가 전환되는 시점을 정해 그때 시작하고 싶어지는 이유가 뭘까? '내일부터 시작하자.', '다음 주부터 시작하자.' 하고 생각하면 그전까지 마음이 편안하기 때문이다. 그리고 "내일부터…."라는 말은 미루기 대장들의 가장 강력한 카드다.

우리는 '내일부터 하자. 다음 주에 하자. 나중에 하자. 언젠가 하자.'라고 생각한다. 그러나 오늘은 어제 본 내일이며, 지난주에 본 다음 주고, 지난달에 본 언젠가다. 목표를 작게 잡아도 상관없으니 지금 당장, 오늘부터 시작하자. 팔굽혀펴기 1번이라면 지금 당장이라도 할 수 있지 않은가.

STEP 20

일주일에 2번보다 매일 하는 것이 더 쉽다

갈까? 말까? 답은 정해져 있다. '간다.' 아니면 '간다.'
- 만화 《올라운더 메구루》 중에서

나쁜 습관을 버릴 때는 완전히 끊는 편이 좋다. 또한 새로운 습관을 들일 때는 반대로 매일 하는 편이 사실 더 쉽다. 사람들은 보통 일주일에 1번 달리는 것이 매일 달리는 것보다 쉽다고 믿는다. 난이도를 노력의 덧셈으로 생각하기 때문이다. 매일 하지 않고 일주일에 2~3번이나 이틀에 1번 하는 편이 쉽다고 생각하기 때문에 어떤 좋은 습관을 만들 때 그 빈도를 서서히 올리는 방법을 선택한다. 그러나 그렇게 하면 오히려 더 어려워진다. 도대체 왜 그럴까?

'일주일에 2번 달리는 것을 습관으로 만들자.' 하고 결심했다고 치자. 그렇게 결심하고 나면 꼭 이런 생각이 떠오른다. '오늘이 달리는 날이었나? 전에 언제 달렸더라?', '오늘 꼭 달려야 하나?

영 내키지 않으니까 다음 주에 3일 달려서 횟수를 채우자.'

이렇게 머릿속으로 계산기를 두드린다. 그래서 선택과 결단이 필요해지면 동전 던지기를 해야 하는 사태에 이른다.

매일 하면 고민할 것이 없고, 헤맬 일도 없다

매일 하기로 정하면 오늘 그것을 할지 말지 고민할 일도, 결단할 일도 없다. 매일 하다 보면 귀찮아했던 일도 자진해서 하고 싶은 일로 바뀌어간다. 매일 한다는 것은 습관을 만드는 여러 단계 중에서도 가장 중요한 단계다.

낮춰도 되는 것은 어려움의 수준이지 빈도가 아니다. 습관으로 자리 잡을 때까지는 매일 해야 한다. 누가 시키지 않아도 자발적으로 하고 싶어지게 되면, 그다음부터 빈도를 적절히 조절해도 좋다. 물론 건강이 좋지 않아 갑자기 달리기를 시작할 수 없는 사람도 있다. 이런 경우는 매일 500m씩 걷는 것부터 시작하면 된다. 목표는 '운동화에 발을 넣는 것'이어도 충분하다. 퇴근길에 딱 1정거장만 먼저 내려서 집까지 걷는 습관을 들이는 것도 매일 할 수 있으니 매우 훌륭한 전략이다.

나는 기타 줄을 연결하는 방법을 매번 까먹는다. 사실 방법 자체는 신발 끈을 묶는 것만큼이나 쉽다. 그런데 신발 끈을 묶는 일은 무의식적으로 하면서 왜 기타 줄을 연결하는 것은 항상 교본을 뒤적거릴까?

신발 끈과 기타 줄이 다른 점은 바로 빈도다. 신발 끈은 매일 묶어야 하지만, 기타 줄은 몇 개월에 한 번만 교환하면 되니까 기억하지 못한다. 넥타이를 매는 방법도 그렇다. 평소에 넥타이를 맬 일이 없는 지금도 넥타이 매는 법은 까먹지 않았다. 한때 매일 넥타이를 매느라 무의식적으로 하는 수준까지 도달했기 때문이다.

[나쁜 습관을 버리지 못하는 이유]

"내일부터 나는 완전히 달라질 거야!"

사람은 피곤하거나 무언가 예측할 수 없는 상황에서 오늘 해야 할 일을 내일로 미루곤 한다. 어쩐지 내일의 나는 오늘의 나와 달리 슈퍼맨처럼 에너지가 충만하고 빛날 것만 같다. 미래의 나는 오늘의 나보다 훨씬 유능하고 똑똑해서 어려운 일도 제대로 해낼 것 같다.

이런 심리를 제대로 이용한 것이 '신용카드'다. 오늘의 나는 이것을 덥석 구매하지만, 내일의 나는 용돈을 아껴 쓰고 절약해서 큰 어려움 없이 능숙하게 살림을 꾸릴 것 같다.

이 문제에 관한 재밌는 이야기가 있다. 맥도날드에 샐러드 메뉴가 추가되면 빅맥의 매출이 경이적으로 늘어난다고 한다. 그 이유는 '오늘 나는 빅맥을 먹지만, 다음 번에는 이성적으로 샐러드를 고를 거야.'라고 생각하는 사람이 많기 때문이다. 샐러드가 메뉴에 있기만 해도 일단 오늘은 안심한다는 것이다.

나 역시 실패를 거듭하면서 '내일의 나는 달라.'라고 생각했었다. 이것은 상당히 뿌리 깊은 문제다. 내일의 나는 오늘의 나와 같다는 것을 명심해야 한다.

만약 오늘이 영원히 반복된다면

스티브 잡스는 33년간 매일 아침 '만약 오늘이 인생의 마지막 날이라면 나는 무엇을 하고 싶은가?'라고 자문했다고 한다. 나도 한동안 흉내를 내보았지만 곧 싫증이 나고 말았다. 그래서 그 말을 바꿔 '오늘이 영원히 이어진다면 나는 어떤 하루를 보내고 싶은가?'라고 자문해보았다. 내일의 나는 슈퍼맨이 아니라 오늘의 나와 같은 선택을 한다. 내일로 미루고 싶은 오늘의 일도 영원히 이어진다.

작곡가 시빌 F. 파트리지Sibyl F. Partridge는 ‘오늘 하루만은’ 이라는 글을 남겼다. ‘오늘 하루만은 행복하게 살자.’라고 시작되는 이 글은 10개의 항목으로 되어 있다. ‘내일로 미루자.’의 반대가 ‘오늘 하루만은’이다. 내일은 하지 않아도 상관없다. 하지만 오늘 하루만은 하자. 그리고 내일이 오면 또 같은 생각을 하는 것이다.

STEP 21

'예외'도 계획해둔다

프로 작가는 글쓰기를 멈추지 않았던 아마추어이다.
- 리처드 바크Richard Bach, 작가

매일 습관적으로 한다고 해도 예상 못한 일은 얼마든지 있다. 가족이 병에 걸릴 수도 있고, 잊고 있던 경조사도 불쑥 튀어나온다. 크리스마스나 새해 연휴가 되면 실컷 먹고 마시고 늦잠도 자며 즐기고 싶은 마음이 든다. 중요한 것은 그 순간, 그 자리에서 즉흥적으로 예외를 만들지 말고, 사전에 계획해두는 것이다.

[나쁜 습관을 버리지 못하는 이유]

"오늘 하루쯤은 괜찮지 않을까?"

보상을 주고 싶다면 갑자기 오늘이 아니라 사전에 명확하게 정해놓은 내일 준다. 그렇지 않으면 앞에서도 말했듯이 내일도 오늘과 같은 일을 하고 만다. 미리 정해두면 자신과의 약속를 지킨 것이기 때문에 자책감이나 자기부정감이 생기지 않는다. 눈앞에 유혹이 있으면 '이런 경우라면 하루쯤은 운동을 걸러도(혹은 한 잔 마셔도) 괜찮지 않을까?'라거나 '오늘은 특별한 날이니까 괜찮아.'라고 생각하기 마련이다. 그러나 이런 일이 지속되면 습관은 맥없이 무너져 내린다.

여행을 하거나 고향집에 갈 때

나는 여행을 아주 좋아하지만 습관을 만드는 동안에는 조금 미뤄두는 편이다. 습관이 완전히 몸에 붙지 않은 동안에 여행을 가서 평소와 다른 환경에 놓이면, 그동안 서서히 자리 잡아가고 있던 좋은 습관이 무너지지 않을까 걱정되기 때문이다. 여행을 하거나 고향집에 갈 때는 평소와 달라지는 조건과 달라지지 않는 조건이 있다. 이것이 무엇인지를 세세하게 생각해보면 거기에 대비할 수 있다.

헬스장이 없고, 요가매트가 없고, 도서관이 없는 것은 달라지는 조건이다. 그러나 달라지지 않는 조건도 있다. 가령 일어나는 시간은 여행지에서도 스스로 선택할 수 있다. 무너진 생활리듬을 원래대로 되돌리는 것은 무척 힘들기 때문에 나는 여행 중이라도 일찍 일어나는 것만큼은 지킨다. 그 외에도 컴퓨터를 항상 가지고 다니면서 빼먹지 않고 일기도 쓴다. 언젠가는 고향집 이불 위에서 '태양경배'라는 요가동작만 한 적도 있다.

영국의 역사가 에드워드 기번Edward Gibbon은 병역 중에도 연구를 멈추지 않았다고 한다. 행군할 때도 호라티우스Horace의 책을 가지고 다니며 막사 안에서 종교에 관한 학설을 조사했다. 위대한 인물이 아니고서는 하지 못할 행동이지만, 분명히 본받아야 할 점이 있다.

그렇지만 습관에 '예외'는 빠질 수 없는 양념이다

그런데 시간이 지나면서, 여행을 가서 평소 습관을 실천하지 못하는 일도 습관을 굳건하게 다지기 위해 도움이 된다는 생각이 들었다. 아무리 좋은 습관도 매일 하다 보면 당연해지고, 초기에 느꼈던 성취감도 서서히 희미해지는데, 이때 '예외'가 필요하다.

어느 날 4박 5일로 국내여행을 한 적이 있다. 짧은 기간이었지만, 여행에서 돌아와 요가, 명상 등 평소의 아침 습관을 실천하려니 힘이 들었다. 피곤해서 그런지 일을 하거나 헬스장에 가는 것도 귀찮았다. 그러나 그것을 애써 해냈더니, 처음에 습관을 들이기 시작했을 때처럼 큰 성취감이 몰려왔다. 평소의 습관으로 돌아왔다는 안심도 생겼다. 이렇게 가끔 예외를 두는 것은 생기를 되찾아준다. 그래서 나는 예외를 양념 같은 것으로 생각하게 되었다.

STEP 22

서투르니까 즐길 수 있다

10년 후에는 분명히 '적어도 10년이라도 좋으니까
과거로 돌아가서 다시 시작하고 싶다.'라고 생각할 것이다.
지금 미래를 다시 시작하자. 10년 후, 50년 후에서 돌아온 것이다. 지금으로.
- 작자 미상

어느 작가가 90세 할머니에게 인생에서 후회하는 것이 무어냐고 물었다. 할머니는 60세 무렵에 바이올린을 시작하고 싶었는데, 너무 늦어서 포기한 것이라고 했다. 그때 시작했으면 30년은 연주할 수 있었을 텐데. 그래서 그것이 후회된다는 것이다.

[나쁜 습관을 버리지 못하는 이유]

"이 나이에 시작하기에는 너무 늦었잖아⋯."

내가 기타를 처음 잡은 것은 37세 때다. 어째서 15세 때 시작하지 않았는지 생각한 적도 있었다. 마라톤도 37세에 시작했다. 만약 20세에 시작해서 최고 기록을 달성했다면 어땠을까? 하지만 기타가 능숙해지거나 마라톤 기록을 단축한다는 도달점만이 나에게 만족감을 주는 것은 아니다.

초보자가 쉬운 일을 시작하든, 전문가가 높은 수준의 일을 하든, 본인이 느끼는 만족감은 거의 비슷할 것이다. 기쁨은 결과가 주는 것이 아니다. 그래서 겁내지 말고 시작해도 된다. 시작하기에 가장 빠른 시간은 지금이다. 나는 지금부터 피아노를 새로 배우고 싶다. 30년 정도 치면 그런대로 들을 만하지 않을까?

요가를 시작하고 싶어도 할 수 없다는 사람들은 대표적으로 "몸이 굳어서."라고 변명했다. 그러나 요가는 몸이 굳은 사람이 더 즐겁게 할 수 있다. 댄서처럼 본래 신체가 유연한 사람은 당연히 요가동작을 바로 소화할 수 있다. 그러나 요가는 애초에 마음과 신체를 묶는 의미로 하는 것이지, 동작을 멋있게 취하려고 하는 것이 아니다.

자신의 몸이 바뀌어가는 것을 경험하는 일만큼 즐거운 것은 없다. 나는 《슬램덩크》를 처음 읽는 사람이 부럽다고 생각하는데, 아마 요가도 비슷한 느낌일 것이다.

STEP 23

'신호'를 정확히 설정한다

신이시여, 바꿀 수 없는 것을 받아들이는 평정을, 바꿔야 할 것을 바꾸는 용기를,
그리고 그것들을 분별하는 지혜를 주시옵소서.
- 라인홀드 니부어Reinhold Niebuhr, 신학자

새로운 습관을 만들 때는 이미 매일 실천하고 있는 습관을 신호로 삼으면 효과적이다. 내 친구는 매일 아침 헤어드라이어로 젖은 머리를 말릴 때 스쾃을 한다고 한다. 나는 필요 없는 물건을 처분할 때 양치질을 하면서 해보라고 권한다. 양치질을 하는 3분 동안 방을 돌아다니면서 필요 없는 물건을 찾는다.

[나쁜 습관을 버리지 못하는 이유]

우리 몸은 신호가 없으면 시작하지 않는다

청소가 되어 있지 않으면 마음이 불안해지지만, 그것으로 목숨까지 잃는 경우는 없다. 영어도 잘하면 좋지만, 회사에서 살아

남는 데 무조건적으로 필요한 조건은 아니다. 이렇게 절박한 상황이 아닌 일을 습관으로 만들기란 상당히 어렵다. 그래서 의도적으로 행위를 시작하는 신호를 만들 필요가 있다.

나는 일하러 가기 전에 영어공부를 하기로 했다. 스스로 정한 영어수업에 지각하면 죄책감도 느낀다. 그래서 제대로 시작하려면 어떻게 해야 할까 고민했다. 비슷한 예가 또 있다. 일본의 겨된장은 매일 섞어주어야 하는데, 습관이 될 때까지는 자주 잊어버려 낭패를 보기도 한다(겨된장은 쌀겨에 소금물을 넣어 발효시킨 것으로, 매일 아침저녁으로 공기가 들어가도록 섞어주지 않으면 쉽게 썩어버린다. - 옮긴이). 그래서 겨된장 섞기를 달걀과 연결시켰다. 나는 매일 아침 달걀을 먹기 때문에 '달걀을 보면 겨된장을 섞자.'라고 머릿속에 입력한 것이다. 그 이후로 하루도 빼놓지 않고 겨된장을 섞는 습관이 생겼다.

쇠사슬처럼 이어나가는 것이 중요하다

아침에 일어나면 어제 자기 전에 깔아둔 요가매트가 가장 먼저 내 눈에 들어온다. 그것이 '신호'가 되어 요가를 시작한다. 요가가 끝나면 그대로 매트 위에 앉아서 명상을 시작한다. 그리고 요가매트를 침대 아래에 집어넣을 때 방바닥을 보게 되는데, 그 이미지는 '신호'가 되어 나에게 청소를 시작하라는 메시지를 준다. 청소를 하고 나면 무언가를 깨끗이 한다는 '신호'가 들어와 곧장 욕실로 가 샤워를 한다.

이렇게 줄줄이 습관들이 이어지면 의지력이나 의욕을 불태우지 않아도 자연스럽게 이 일들을 해낼 수 있다. 방금 한 행동의 마지막에 '신호'가 숨어 있어, 다음 행동을 시작할 수 있다. 그리고 쇠사슬이 이어지듯이 습관으로 만들고자 하는 행동들이 줄줄이 이어진다.

아침에 일어나서 가장 먼저 할 일을 전날 저녁에 준비해두면 좋다. 겨울에는 더 쉽게 일어날 수 있도록 난방 타이머를 맞춰둔다. 헬스장에 다녀오면 배가 고파서 맥이 빠지므로 돌아오면 곧바로 마실 수 있도록 단백질음료를 미리 만들어둔다.

이것은 애쓰고 있는 나를 위해 앞질러 가서 준비해두는 것이다. '지금도 잘하고 있네.', '수고했어.'라는 메시지이기도 하다. 여유가 있는 지금의 내가 미래의 나에게 미리 편지를 쓰는 것과 같다.

STEP 24

'어른의 시간표'를 만든다

확실한 계획은 선택이라는 고통에서 우리를 해방시켜준다.
- 솔 벨로Saul Bellow, 작가

'신호' 중에서 대표적인 것이 '시간'이다. 아침에 일어날 때는 알람소리가 '일어나기'라는 행위의 신호다.

학교수업은 시간표에 따라 이루어진다. 종소리는 수업을 시작한다는 신호다. 시간표는 어른에게도 효과적이다. 나는 아침에 일어날 때뿐 아니라 밤에 잘 때도 알람을 설정해두었다. 아침에 일어나지 못하는 가장 큰 이유는, 수면시간이 충분하지 않기 때문이다. 자기 전에 스마트폰이나 컴퓨터로 게임을 즐기는 사람이 많은데, 지나치게 열중하면 점점 취침시간이 늦어진다. 그래서 주의해야 한다.

내가 습관을 만들 때는 하루의 대부분을 시간표대로 보냈다. 9시 반에 도서관에 가고, 11시 반에 점심을 먹는다. 21시 반에 취침알람, 다음 날 아침 5시에 기상알림이 울린다.

행동심리학의 창시자인 스키너는 자신의 생활도 실험처럼 다뤘다. 알람에 따라 집필을 개시하고, 종료했다. 시계를 놓아두고 책상 앞에 앉아 있는 합계 시간을 측정했고, 12시간마다 작성한 글의 단어수를 그래프에 기입해서 자신의 시간당 생산성을 정확하게 파악했다. 밤중에 잠에서 깨는 것이 신경 쓰였던 그는 그것조차 알람으로 제어해서 집필에 차질이 없게 했다고 한다.

시간표대로 행동하는 것은 유치한 일인가?

나는 혼자 살고 있고, 자유를 사랑한다. 그래서 예전에는 시간표를 만들어 그대로 행동하는 것이 어리석다고 믿었다. 시간표는 여름방학 전에 초등학생이나 만드는 것이며, 그 시간표대로 하루를 보냈던 기억도 없다. 갑자기 무언가 하고 싶은 일이 떠오르면 어떻게 할 것인가? 시간표에 얽매여 자유가 제한되는 것은 딱 질색이었다.

그러나 아침에 일어나는 시간을 정해두지 않으면 지금 일어나야 하는지, 더 자도 되는지 이불 속에서 계속 고민하게 된다. 밤에 자는 시간을 정해두지 않으면 연속극이나 만화에 푹 빠져서 '1회만 더 보고….'를 반복한다. 다음 날 아침에 얼마나 후회할지를 걱정하기보다 눈앞의 보상을 고르는 '쌍곡형 할인'의 심리가 있으므로, 이것은 어떻게 보면 당연한 일이다.

인터넷, SNS 보는 시간을 구체적으로 정해둔다

나는 아침에 시간을 정해두고 인터넷 뉴스나 SNS를 확인한다. 인터넷은 사람의 뇌와 지나치게 찰떡궁합이기 때문이다. 한 친구가 트위터에 이런 글을 올렸다. "모르는 영어단어 뜻을 찾으려고 들어왔는데, 어느새 화산이 분화되는 동영상을 10분이나 보고 있었다." 또 다른 친구는 이런 글을 올렸다. "심플한 조명을 찾고 있었는데, 정신을 차려보니 '노숙 서바이벌 동영상'을 보고 있었다."

뇌는 바람둥이다. 흥미와 관심이 연이어 솟아나고, 맥락 없이 점프하기를 좋아한다. 영어단어에서 화산으로, 조명에서 서바이벌로 뛰어오른다. 이렇게 뇌는 끊임없이 흥밋거리를 바꾸는데, 인터넷은 거기에 딱 맞는 도구다. 그래서 인터넷을 하는 시간을 미리 정해두지 않으면 한없이 빠져들어 헤어 나오지 못한다.

프로들은 시간을 정해놓고 규칙적으로 일한다

앞에서도 말했듯이 《리추얼》이라는 책에서 소개된 천재들은 대부분 규칙적으로 생활했다. 대부분 아침형 인간으로, 오전시간은 창의적인 일을 하는 데 할당하고 있다.

예를 들어 화가인 프랜시스 베이컨을 아는 사람은 그림물감과 화구로 빈틈없이 메워진 그의 작업실 사진을 본 적이 있을 것이다. 그러한 작업실이나 격한 작풍을 봐도 분명 자유분방하게 사는 작가일 거라고 상상하겠지만, 그는 새벽에 일어나서 정오까지, 일하는 시간을 확실히 정해두었다고 한다. 그 이후에는 술집을 돌아다니며 자유분방한 생활을 했다고 하지만, 일하는 시간은 매일 정해놓고 확보했다는 것이다.

'마감'이라는 것도 길게 보면 시간표와 같다. 나는 편집자로서 오랫동안 마감에 쫓기는 데에 진저리가 났기 때문에, 이 책도 마감날짜를 정하지 않기로 했다. '원고가 완성되면 그때 출간일을 정하자.'고 했으니, 지금 생각해보면 귀여운 꿈이었다.

마감은 악이라고 생각했지만, 조금 생각이 바뀌었다. 사용하기에 따라 천사가 될 수도, 악마가 될 수도 있다. 필요한 때에 자신을 타일러주는 상사와 같달까. 생각해보면 우리의 인생 자체에 수명이라는 마감이 있다. 마감이 있기 때문에 하루하루를 헛되이 보내고 싶지 않은 것이다.

시간표를 만들면 자신의 한계를 알 수 있다

시간표를 만들어두는 일은 그 외에도 많은 이점이 있다. 바로 자신이 해낼 수 있는 하루의 작업량을 정확히 파악할 수 있다는 점이다. 어느 연구에 따르면 사람은 목표를 달성하려고 할 때 자신이 예상한 시간의 1.5배를 쓴다고 한다. 항상 자신의 능력을 과대평가하고 있어서다. 쉽게 말해 10일 만에 처리하려던 일이 실제로는 항상 2주가 걸린다는 뜻이다. 이것 또한 '내일의 나는 슈퍼맨이 될 거야.'라는 환상 때문이다. 가슴이 뜨끔하다.

바쁜 편집자 시절에는 누구에게도 방해받지 않는 주말에 출근하면 일이 굉장히 잘되는 기분이 들었지만, 실제로는 생각한 만큼 진행되지 않은 적도 많았다. '내일 하루를 온전히 쉰다면 책을 많이 읽을 수 있겠지?' 하는 흐뭇한 기대를 할 때도 있었다. 여행을 갈 때는 부족하면 곤란할까 싶어 여행가방에 책을 잔뜩 넣었지만 실제로는 한 권도 다 읽지 못하고 돌아오는 경우도 있다.

읽지도 못할 책을 사 모으는 일도 마찬가지다. 자신의 독서량과 흥미의 지속시간을 과대평가해서 그런 일이 벌어지는 것이다.

불가능한 일도 명확해진다

시간표를 만들어서 그대로 행동하면 자신이 어느 정도의 일을 했을 때 얼마나 피곤한지, 그리고 회복하는 데 휴식이 얼마나 필요한지도 알 수 있다.

그 총량이 거의 한계에 다다랐을 때, 다른 일을 더하고 싶다면 기존에 하던 일을 덜어내야 한다는 것도 알았다. 과거에 나는 계속해서 취미를 늘리고 싶어 했지만, 지금은 그렇게 하지 않는다. 어느 날 소형트럭의 짐받이에 DIY로 이동주택을 만들려고 시도한 적이 있는데, 내 시간표에는 그 시간을 넣을 자리가 없었다. 예전 같으면 '나는 왜 이렇게 한심할까?' 하고 자책했을 것이다. 그러나 이미 시간표대로 움직이고 있었기 때문에, '지금은 물리적으로 그 시간을 넣을 수 없다.'는 것을 확실히 알았고, 자책하거나 실망하는 대신 다른 일을 더 열심히 할 수 있었다.

시간표를 따라 움직이는 것은 불확실했던 자신의 에너지, 하루에 할 수 있는 일의 총량을 시각화하는 일이다. 무리하게 쇼핑

하지 않으려면 먼저 계좌에 남은 잔고를 확인해야 하는 것처럼, 자신의 한계를 아는 일은 큰 의미가 있다. 학생이나 사회인처럼 바쁜 사람은 주말만이라도 시간표를 만들어 실천해보면 어떨까? 방학을 앞둔 아이처럼 시간표의 구성을 이리저리 생각하는 것은 꽤 즐거운 일이다.

'고민'은 시간을 정해놓고 몰아서 한다

시간표의 중요한 역할이 하나 더 있다. 하루를 시간 단위로 구분하지 않는다는 것은 고민하는 시간이나 불안해하는 시간도 구분하지 않겠다는 뜻이다. 시간표에 따라 움직이면 시간에 따라 해야 할 일이 정해져 있다. 일하는 시간을 정하지 않으면 온종일 일 때문에 고민하는 사태에 이른다.

시간표로 움직이면 물리적으로 '고민'에 할애할 시간이 거의 없다. 생각하고, 고민하는 것은 무언가를 실행할 때가 아니라 손이 멈췄을 때다. 적절하게 고민하는 일은 물론 필요하지만, 그저 같은 일을 한없이 부정적으로 생각하고, 곱씹어 걱정하고 후회하는 시간은 줄일 수 있다.

여러 가지 사정이 있어 새로운 습관을 만들지 못하는 경우도 있다. 그런 때는 '○○때문에 할 수 없다.'고 하지 말고, '○○보다는 △△가 우선이다.'라고 생각하자. 다른 일이 있어서 할 수 없는 것이 아니라 다른 일을 우선을 여기는 것이다. 운동이나 독서보다 육아가 더 중요한 사람도 있다. '육아 때문에 운동을 할 수 없어.'라고 생각하면 감정에 상처를 입는다. 대신 '지금은 육아가 더 중요해. 나는 육아를 선택했어.'라고 생각하면 마음이 훨씬 밝아지고 가벼워진다.

STEP 25

사람에게는 원래 집중력이 없다

챔피언은 땀 흘리며 숨을 헐떡이는, 몹시 지쳐 있는 사람이다.
- 앤슨 도랜스Anson Dorrance, 미국 여자축구 코치

이 책의 원고를 쓸 때 내 집중력이 어느 정도 지속되는지 '집중시간'을 측정해본 적이 있다. 집중력이 도중에 끊어져서 노트북의 키보드에서 손이 떨어질 때까지 시간이 얼마나 경과하는지 확인해봤다. 결과는 평균 20분 정도였다. 나는 집중력이 전혀 없다고 생각했는데, 꼭 그런 것만은 아닌 듯했다.

강연영상 사이트인 TED의 동영상은 18분 정도로 길이가 정해져 있다. 아무리 재밌는 내용이라도 사람이 집중해서 들을 수 있는 시간이 최장 18분이라는 전제를 바탕으로 하기 때문이다. 집중력을 높이는 방법 중에 '포모도로 기법Pomodoro Technique'이 있는데, 이것도 길이는 비슷하다. 25분으로 타이머를 설정하고, 집중해서 일한다. 그것이 끝나면 5분간 휴식한다. 이 과정을 4번

반복하고 2시간마다 길게 휴식한다.

명상 중에는 생각을 하지 않으려고 해도 무심코 의식이 어딘가로 산책을 나가서 마음대로 무언가를 생각하기 시작한다. 의식이라는 것은 애초에 그런 것이므로 그것을 오랜 시간 집중하게 만드는 것은 결코 쉽지 않다. 《습관의 힘》의 찰스 두히그는 매일 8~10시간 책상 앞에 앉아 있는다고 한다.

"일이 즐거운지, 즐겁지 않은지는 상관없다. 오랜 시간 책상에 앉아 있으면 저절로 일이 돌아가기 시작한다."

즐거운지 아닌지를 따지지 말고 책상 앞에 앉는 시간을 먼저 정한다. 그러면 일에 집중하든, 연거푸 하품을 하든 언젠가는 의식이 책상으로 돌아오게 된다는 것이다.

나도 집중력을 높이겠다는 무모한 도전은 하지 않기로 했다. 물론 높일 수 있을지도 모르지만 사람에게는 본디 집중력이 없다는 것을 전제로 틀을 짜는 편이 유익하다고 생각한다. 하드보일드 작가인 레이먼드 챈들러Raymond Chandler도 글이 써지지 않아도 일단 책상 앞에 앉는 일을 중시했다. 다른 일을 하지 않고 그저 가만히 책상 앞에 앉는다. 집중력은 도중에 계속 끊어지겠지만, 그래도 하루의 업무시간이 끝나고 조각을 긁어모아 보면 무언가가 결과로 남는 법이다.

STEP 26

날을 정해서 행동한다

시험받지 않는 삶은 살 가치가 없다
- 소크라테스

날짜에 맞게 행동하는 일도 시간에 맞추어 행동하는 일을 응용한 것이다. 나는 매월 1일을 잡다한 일을 처리하는 날로 정했다. 지금은 가지고 있는 물건이 별로 없지만, 그래도 한 달에 한 번 정도는 정리할 필요가 있기 때문에 이 날은 '대大청소'가 아닌 '중中청소'를 한다. 그밖에도 영수증을 정리하거나, 컴퓨터의 즐겨찾기를 정리하거나, 서류를 스캔한다. 매일 해야 할 정도는 아니지만 내버려두면 하기 귀찮아지는 잡다한 일을 모아서 정리하는 날이다.

하나씩 하려고 하면 전혀 재밌는 일이 아니지만, 한데 모아서 처리하면 성취감도 있다. 일상의 사소한 짜증을 없애주고, 평상시의 습관을 지탱해주는 행위라고 생각하면 의의도 느낀다.

'여유'가 생기는 날은 영원히 오지 않는다

방청소, 물건정리 같은 일은 특히 그렇지만, 일단 하지 않아도 어떻게든 살 수는 있다. 이런 절박하지 않은 문제는 '나중에 하자.', '다음에 여유가 생기면 하자.'라고 생각한다. 그러나 내가 38년 동안 살면서 '아, 지금이야말로 드디어 여유가 생긴 건가? 지금이 바로 그때잖아?' 하고 생각한 적은 한 번도 없다. 분명히 그런 시간은 오지 않는다. 그래서 해야 할 일이 있으면 먼저 날짜를 정해두어야 한다. 선종에서 수행하는 승려들은 날짜별로 하는 일이 정해져 있다.

- 4와 9가 붙은 날은 삭발과 정성스러운 청소
- 1, 3, 6, 8이 붙은 날은 탁발

날짜별로 하는 일이 정해져 있으면 '머리가 슬슬 길어졌는데 어떡할까. 내일 자르러 갈까, 다음 주까지 기다릴까?'라고 생각할 필요가 없으니 의식적으로 고민하지 않고도 행동할 수 있다.

요일을 기준으로 행동하는 것도 좋다. 내 친구는 '금요일은 하기 싫은 일, 마음이 내키지 않는 일을 한다.'라고 정해두었다. '그런 일을 월요일에 하려고 하면 주말 내내 괴롭고 의욕이 더 없어질까 봐.'라고 한다. 그래서 휴일 전에 조금 들뜬 기분으로 귀찮은 일들을 처리한다고 한다.

자신과의 약속을 소중히 여긴다

무엇보다 중요한 것은 이럴 때 자신과의 약속을 최우선으로 여기는 것이다. 그래서 미리 수첩에 적어두는 것이 좋다. 스마트폰 수첩 애플리케이션을 사용하면 매달 반복되는 일정도 편리하게 입력할 수 있다.

자신과의 약속을 가장 중요한 친구와 한 약속이라고 생각하자. 어지간히 특별하지 않은 한, 아무리 즐거운 곳에 초대받아도 가장 소중한 친구와의 선약이 있다면, 그 약속을 취소해야 할지 고민하지 않는다. 의욕에 넘쳐서 평소에 못 했던 행동을 하려는 기특한 나 자신, 거의 만날 수 없는 자신과 만나는 약속이니 소중하지 않을 수 없다.

STEP 27

각 단계마다 임시보상을 촘촘히 넣는다

모든 존재가 인간을 위해 존재한다고 믿어서는 안 된다.
모든 존재는 다른 누구도 아닌 자기 자신을 위해 존재한다.
– 마이모니데스Maimonides, 철학자

운동이든, 다이어트든, 습관을 들이려고 할 때 갑자기 효과가 나타나지 않아서, 보상이 느껴지지 않아 괴로울 때가 있다. 그래서 중간단계마다 임시적인 보상을 설정하는 일이 중요하다.

나는 예전에 집을 이사하느라 헬스장을 바꾼 적이 있다. 새로 등록한 헬스장은 24시간 영업을 하는 곳이라 운동할 기회는 늘어난 셈이었다. 그러나 실제로는 이전보다도 가는 빈도가 줄어들었다. 왠지 모르게 발길이 향하지 않았기 때문이다. 이유를 생각해보니, 문득 짚이는 것이 있었다. 새 헬스장에는 샤워장만 있었는데, 예전에 다녔던 헬스장에는 커다란 노천탕이 있었다. 나는 무의식적으로 운동을 마친 후에 그 목욕탕에 몸을 담그는 것을 보상이라 여긴 것이다.

임시보상은 어떤 것이 있는가?

앞에서 나는 매월 1일을 잡다한 일을 처리하는 날로 정했다고 했는데, 일본에서 그날은 영화표가 저렴한 날이라서 '영화 보기'를 보상으로 정했다. 작가 가쿠타 미츠요는 43세에 마라톤 풀코스에 도전했는데, 그 후로도 다양한 운동에 도전하고 있다. 《어느새 운동할 나이가 되었네요》라는 에세이에서 가쿠타 미츠요는 보상의 중요성에 대해 이렇게 밝혔다.

"술자리, 고칼로리 음식, 피부관리, 마사지…. 이 고통이 끝나면 그런 것들이 기다리고 있다고 생각하는데, 그 항목들이 상당히 중요합니다."

- 운동 후 얼음같이 차가운 맥주 마시기
- 일찍 일어난 보상으로 맛있는 빵을 아침식사로 준비하기

이런 임시보상이 주는 효과는 무시할 수 없다. 그리고 그 보상을 원하는 동안에 습관 만들기 자체를 보상으로 느끼게 된다. 그러면 보상이 없어도 습관을 유지할 수 있다.

[나쁜 습관을 버리지 못하는 이유]

작은 성과에 만족해 긴장을 확 늦춘다

보상에 관해 주의해야 할 것이 있다. 작은 성과를 거둔 사람일수록 긴장을 늦추기 쉽다는 점이다. 어느 조사에서 다이어트 중인 사람에게 사과와 초콜릿바 중에서 하나를 선택하게 했다. 체중을 재서 다이어트의 성과를 확인한 사람의 85%가 사과가 아닌 초콜릿바를 골랐다. 반대로 체중을 재지 않은 사람은 58%만 초콜릿바를 골랐다고 한다.

대체 왜, 그렇게 어렵게 체중을 줄이고서 초콜릿바를 고를까? 뜨끔한 이야기가 아닐 수 없다. 나 역시 아침에 체중계에 올라갔을 때 체중이 조금 줄어 있으면 그날은 식사조절이 느슨해진다. 이렇게 사람은 다이어트의 보상으로 다이어트와 정반대되는 것을 선택한다.

보상은 달성하고 싶은 것과는 다른 분야에서 주는 것이 바람직하다. 나는 금주를 목표로 했을 때 슈퍼마켓에서 술을 사는 것을 참으면 보상으로 아이스크림을 샀다. 쓴 약의 표면에 당분을 입히듯이 목표로 하는 습관과 보상을 조합하는 것이다.

STEP 28

남들의 시선을 제대로 이용한다

"당신은 나를 더 좋은 사람이 되고 싶게 해."
- 영화 '이보다 더 좋을 순 없다' 중에서

새로운 습관을 만들 때 다른 사람의 시선은 신경 쓸 대상이 아니라 제대로 이용해야 할 대상이 된다. 사람들은 눈앞의 보상을 더 좋아하지만, 다른 사람의 시선을 이용하면 다르게 반응할 수 있다.

이성의 시선을 효과적으로 활용한다

이상하게 들릴 수도 있지만, 내 친구 중에 훈남 미용사에게 칭찬받으려고 두피관리에 힘을 쏟는 여성이 있다. 또한 남성 CEO인 호리에 다카후미도 헬스장 트레이너는 꼭 여성을 선택한다고 한다. 두피관리나 근력운동이라는 것이 단기간에 성과가 나

오기 어려운 습관들이다. 보상이 시간적으로 멀다 보니 지속하기가 힘들 수도 있다. 하지만 특별히 이성으로 의식하지 않아도, 어쨌거나 이성의 시선은 신경이 쓰이는 법이다. 두피관리나 근력운동을 게을리하면 이성이 실망할 것이고, 열심히 하면 칭찬받는다. 일단 눈앞에 벌칙이나 보상이 확실하기 때문에 우리는 그 행동을 지속할 수 있다.

사람이 보상이라고 느끼는 일은 여러 가지가 있지만, 타인과의 교류, 타인에게 받는 인정이나 좋은 평가는 정말로 커다란 보상이다. 왜 우리는 다른 사람의 시선을 이토록 신경 쓰는 것일까?

상대를 끌어내리는 일에 희열을 느끼는 이유

생식과 직결되는 이성과의 관계는 생존경쟁의 중대사다. 사람들은 아주 오랫동안 수십 명 단위의 커뮤니티 속에서 살아왔는데, 집단에서 배척당하거나 쫓겨나지 않으려면 그 속에서 얻는 지위나 평판을 신경 쓰고 걱정할 수밖에 없었다. 혼자서는 먹고 살 만큼 충분히 사냥할 수 없기 때문에 커뮤니티 속에서 따돌림당하는 일은 생존의 위기를 의미한다.

나도 그렇지만, 사람들이 SNS의 '좋아요' 수에 농락당하거나,

상대의 비판에 강하게 반발하는 원인은 이것이다. 오늘날 SNS에서 비판받는 일은, 과거 조상들이 소속된 작은 커뮤니티 내에서 나쁜 소문이 퍼지거나 지위가 박탈당하는 일에 가깝다. 아무리 지성이 높은 사람이라고 해도, 익명의 누군가에게 비판받았을 때 격렬하게 항의하는 것은 이런 까닭 때문이다.

마찬가지로 사람들이 가십에 끌리는 것은, 가십이 악평을 퍼뜨려 상대를 끌어내리는 일과 비슷하기 때문이다. 거기에서 희열을 느끼는 것이다.

죽음보다 평판을 중시한 사람들

설령 죽음의 위기가 있다고 해도 커뮤니티의 기대에 부응하려고 애쓴 사람들도 있었다. 1964년 미국에서 '미시시피 자유 여름Mississippi Freedom Summer'이라는 흑인들의 투표권 투쟁이 일어났다. 그 활동에 많은 대학생들이 지원했는데, 과격한 백인들에게 위해를 받을 가능성이 있어서(실제로 3명의 자원봉사자가 살해당했다.) 합격한 1,000명의 학생 중 300명이 지원을 철회했다고 한다.

사회학자 더그 매커덤Doug MacAdam은 지원을 취소한 학생과 위험성을 알면서도 운동에 참여한 학생의 차이점을 조사했다. 일단, 참여한 동기에는 큰 차이가 없었다. 그리고 결혼여부 등 개인적인 상황도 별 관계가 없었다. 차이점은 소속된 커뮤니티에 있었다. 이 활동에 끝까지 참여한 학생들은, 자신들이 미시시피에 가는 것을 기대하는 커뮤니티에 소속되어 있었던 것이다.

"정치활동이나 종교 커뮤니티에 몸담은 지원자들은 미시시피에 가지 않으면 사회적으로 입장이 난처해진다. 중요한 사람들에게 받고 있던 존경과 신뢰를 잃는다."라고 더그 매커덤은 말한다. 물론 흑인의 투표권 쟁취라는 정의로운 활동에 분명 열의도 품었을 것이다. 그러나 커뮤니티 내부 사람들에게 실망을 주고 싶지 않은 감정 또한 위험성이 높은 일에 참여하도록 뒤를 밀어준 것이다.

스포츠에서 성과를 내는 유일한 방법

스포츠에서 성과를 내려고 한다면 무엇보다 수준이 높은 팀에 소속되어야 한다. 6년 동안 수영선수의 연습에 동행하면서 인터뷰한 사회학자 대니얼 챔블리스Daniel Chambliss는 위대한 수영선수가 되려면 위대한 팀에 들어가는 수밖에 없다고 주장했다.

"모두 4시에 일어나서 연습하러 가는 환경에 있으면 자신도 자연히 그렇게 하게 된다. 그것이 당연해지고, 습관이 되는 것이다."

수준 높은 팀에 소속되면 그 집단과 보조를 맞추려고 부지런히 실력을 갈고닦게 된다. 이것은 일반인도 마찬가지다. 자신의 수준에 맞는 팀을 찾으면 되는 것이다. 함께 달릴 상대를 찾으면 달리기를 지속하기가 쉬워진다.

SNS 커뮤니티를 이용한다

오프라인 커뮤니티만이 아니라 SNS 커뮤니티를 이용해도 효과적이다. 나는 처음으로 마라톤 풀코스를 뛰겠다고 결심했을 때 먼저 트위터에 참가하겠다는 글을 올렸다. 일부러 그렇게 했다. 당시 내 트위터 팔로워는 5,000명 남짓이었다. 나는 마라톤 결과도 트위터로 알릴 작정이었다.

오키나와 나하에서 이루어진 나의 첫 번째 마라톤은, 기온이 너무 높아서 전체 참가자의 절반밖에 완주하지 못한 가혹한 대회였다. 장딴지가 땅기고, 발은 신발 속에서 땡땡 부었다. 그러나 '여기에서 기권하면 5,000명의 팔로워들이 한심하다고 생각하겠지.'라는 생각이 완주하는 데 도움이 되었다. 만약 아무에게도 말하지 않고 몰래 참가했다면 도중에 기권했을지도 모른다.

방을 정리하고 물건을 줄일 때는 '미래일기'를 이용했다. 그 물건을 처분하기 전에 먼저 SNS에 '이것을 처분했습니다.'라고 올린다. 그러면 SNS와 현실이 모순되는 불쾌한 기분이 벌칙이 되므로 실행하기가 훨씬 쉽다.

팔로워들을 실망시키고 싶지 않아서

연예인 다케이 소우는 바쁜 스케줄 속에서도 매일 1시간씩 근력운동을 하고, 1시간은 자신이 모르는 것을 조사하는 습관이 있다고 한다. 그것이 가능한 이유는 '나 자신을 위해서 하는 일이 아니기 때문에.', '팔로워(현재는 130만 명)를 실망시키고 싶지 않아서.'라고 의식하기 때문이다. 그러나 어떤 일도 다케이 소우처럼 팔로워가 많아야 할 수 있는 것은 아니다. 사람들의 커뮤니티 단위는 예로부터 수십 명의 작은 무리나 마을이었고, 봐주는 상대가 한 사람이라고 해도 효과는 있었다.

나는 단것을 끊으려고 결심했을 때 '단것 끊기 동맹'을 만든 적이 있다. 같은 시기에 단것을 끊으려고 한 친구와 단것을 먹으면 서로 '자진납세'하기로 약속했다. 벌칙도 쉽게 정했다. 유치하지만, "만약 규칙을 어기면 나는 너를 그 정도밖에 안 된다고 깔보기로 했어."라고 전했다. 내가 어겨도 마찬가지였다. 단것을 참을 때 그 친구의 얼굴이 뇌리를 스치면 조금은 도움이 되었다. 실제로 그 친구는 지금까지도 단것을 끊은 상태다.

최근에는 '짝 독서'라는 방법을 사용하는 사람도 있다. 30분 정도 시간을 정해서 두 사람이 같은 책을 읽는다. 그리고 그 내용에 대해 토론한다. 실제로 만나지 않아도 토론은 메신저 등으로 가능하다. 시간제약도 있는 데다, 토론을 하려면 책을 깊게 이해하고 자신의 생각을 정리해야 한다. 그래서 평소에 혼자 독서하는 것보다 부담감을 느끼는 상태로 열심히 읽을 수 있다.

혼자 있을 때와 함께 있을 때

같은 사람이라도 자신의 행위를 누군가 볼 때와 보지 않을 때, 그 행위의 결과가 누군가에게 전해질 때와 전해지지 않을 때는 행동이 바뀐다.

- 누가 보고 있다고 생각하면 자세를 바르게 하거나 매너 있게 행동한다.
- 카페나 도서관 등 주변에 사람이 있어야 오히려 일이 잘되고, 집에서는 마냥 빈둥거린다.

• 익명 게시판에는 누구나 쉽게 험담을 늘어놓는다.
• 사람은 자동차 안에 혼자 있을 때, 평소와 달리 마구 성질을 내거나 노래를 크게 부른다.

다른 사람의 시선이나 커뮤니티에서 받는 평가가 신경 쓰이는 것은, 어쨌든 인간의 본능에 가까운 것이다. 그것 때문에 울고불고하며 농락당하는 것은 괴로운 일이지만, 의식적으로 받아들여서 이용하면 절대적인 힘을 발휘한다.

STEP 29

미리 선언해둔다

그들은 자신의 행위는 의식해도 행위를 결정하는 원인은 의식하지 않는다.
- 스피노자Baruch de Spinoza

해야 할 일을 미리 선언하는 것도 타인의 시선을 이용하는 방법으로, 절대적인 효과를 발휘한다. 하뉴 유즈루 선수는 2008년 일본 선수권대회에 출전해 8위에 올랐을 때 이렇게 선언했다.

"아라카와 시즈카 선수가 올림픽에서 금메달을 땄으니, 제가 일본에서 두 번째 올림픽 금메달리스트가 되고 싶습니다."

당시 14세의 어린 학생이었기 때문에 그 말이 보도되지는 않았지만, 하뉴 유즈루는 이런 말의 힘을 제대로 이용한 선수다.

나도 이 책을 쓰는 것을 미리 선언했었다. 이제 와 고백하자면, 블로그에 먼저 '다음 책의 주제는 습관입니다.'라고 선언한 다음에야 비로소 진심이 되었다. 마감을 정해두는 것도 커뮤니티의 힘을 효과적으로 활용하는 것이다. 마감을 어기면 관계자들에게

민폐를 끼치게 되기 때문이다. 미리 선언해두면 거짓말쟁이나 게으름뱅이 소리를 듣지 않으려고 열심히 하게 된다.

벌칙을 만든다

'미리 선언하기' 구조를 실제로 비즈니스에 적용한 사람도 있다. 《당근과 채찍》을 쓴 이언 에어즈Ian Ayres다. 가령 ○○kg까지 살을 빼겠다고 다이어트의 목표를 정하고, 그것을 달성하지 못하면 10만 엔을 벌금으로 내겠다는 식으로 벌칙을 세게 정한다. 금연 중에 담배 1개비를 피우면 자신이 아주 싫어하는 정치단체에 기부하는 것도 효과적이다. 이언 에어즈가 만든 서비스에서는 이런 내용을 웹web에 등록하면 제3자가 진척상황을 점검해준다.

다이어트나 금연처럼 성공하면 기쁘지만 실패해도 당장 대단한 벌칙을 받지는 않는 도전과제라면, 이런 방식이 효과적이다. 벌칙은 최대한 가혹하게 정해야 한다. 그렇지 않으면 '1만 엔 정도면 다이어트를 그만둬도 상관없잖아?'라는 마음이 들 수 있다. 요즘 인기를 끄는 개인지도 트레이닝도 이런 벌칙구조를 뒤집은 방식이다. 고가의 트레이닝 비용을 사전에 내야 하기 때문에, 돈이 아까워서라도 이를 악물고 운동을 하게 된다.

STEP 30

제3자의 시선으로 생각한다

"나는 좋아. 하지만 야자와는 뭐라고 할까?"
– 야자와 에이키치, 가수

우리 자신에게는 결코 하나의 인격만 존재하지 않는다. 앞서 말했듯이 뇌에는 본능적인 뜨거운 시스템과 이성적인 차가운 시스템이 있어서, 한쪽이 활성화되면 다른 한쪽은 비활성화된다. 그리고 우리의 행동을 결정하는 것은 의식에서 열리는 국회라고 했던 것을 떠올려보자.

가수 야자와 에이키치처럼 두 번째의 자신에게 이름을 붙여 보는 것도 좋다. 내 안에는 본능적인 다메오Dameo와 이성적인 후미오Fumio가 있다. 또 다른 자신이 나를 감시하는 것이다.

'아, 지루해. 이제 그만하고 싶어. 하지만 그러면 후미오는 뭐라고 할까?'

이런 식으로 제3자의 시선을 다양하게 응용할 수 있다.

- 미래의 자신에게 생각하게 한다. : 예방의학 연구자 이시카와 요시키는 어떤 유혹이 있으면 30년 후의 자신에게 물어보라고 했다. "너는 오늘 밤 술자리에 갈래? 아니면 연구에 매진할래?"라고 물어보면 답이 쉽게 나온다.
- 자신을 걱정해주는 존재가 있다. : 그레첸 루빈은 새로운 업무를 받을지 말지 망설일 때 "내 매니저라면 뭐라고 말할까?"라고 생각한다고 한다. 지나치게 관대하지 않고, 때로는 엄한 조언도 해주는 형의 입장에서 생각해보는 것도 좋을 것이다.
- 리얼리티쇼 카메라를 생각한다. : 지금 이 순간 예능 프로그램을 촬영하는 중이라면 어떻게 하겠는가? 다음 주에 섹시한 화보촬영을 하는 스케줄이 있다면 오늘 어떻게 하겠는가? 리얼리티 프로그램을 촬영하는 중이라면 코를 후비거나 빈둥거리지 못할 것이다. 다음 주에 화보촬영을 한다고 생각하면 좀 더 열심히 운동을 할 수도 있다.
- 내가 존경하는 인물이라면 어떻게 할까? : '뜨거운 것이 좋아' 등으로 알려진 영화감독 빌리 와일더Billy Wilder의 서재에는 '루비치라면 어떻게 할까?'라는 종이가 붙어 있다고 한다. 영화감독인 에른스트 루비치Ernst Lubitsch는 와일더에

게 스승 같은 존재다. 그래서 각본을 쓰다가 막힐 때 스승의 시점으로 생각하려는 것이다. 그리고 스승은 세대에 따라 바뀐다. 영화감독 미타니 고키는 '빌리 와일더라면 어떻게 할까?'라고 생각한다고 한다.

신앙심이 있는 사람은 자제심이 강하다. 왜일까? 항상 신이 자신을 보고 있다고 생각하기 때문이다. 일본에도 '해님이 보고 있다.'라는 속담이 있다. 제3자의 시선으로 생각하는 것이 본질적으로 무언가를 바꾸는 일은 아니지만, 극복하기 힘든 상황에서 버틸 수 있는 기술 중 하나로는 유용하다.

STEP 31

좀 더 하고 싶은 순간에 손을 뗀다

어떤 일이든 습관이 되어 있지 않고
끊임없이 우유부단하게 고민하는 사람만큼 비참한 사람은 없다.
그런 사람은 인생의 태반을 결단 혹은 후회에 소비한다.
- 윌리엄 제임스, 철학자

습관이 궤도에 오르면 왠지 모르게 컨디션이 좋은 날이 있다. 달리기를 하는데 하염없이 달릴 수 있을 듯한 기분이 들기도 한다. 그러나 그때 자신의 한계를 시험해 보겠다고 지쳐 쓰러질 때까지 달리면 머릿속 한구석에 달리기는 고통스럽다는 인상이 남는다. 그것은 다음번에 영향을 미친다.

습관은 무엇보다 꾸준히 하는 것이 중요하므로 좀 더 하고 싶은 지점에서 멈추어야 한다. 80% 정도에서 멈추는 것이다. 그렇게 하면 즐거운 상태에서 끝난다. 나도 기타 연습이나 영어공부를 괴로워질 때까지 하지 않는다. 그래야 다음 날도 하고 싶다. 지루함이 몰려올 때까지 해서는 안 된다.

근육은 한계를 넘어서 상처를 입었을 때 더욱 성장한다. 일류 운동선수는 컴포트 존comfort zone, 즉 '쾌적한 영역'을 넘어서 괴로운 수준까지 연습을 거듭한다. 그러나 그런 것은 습관이 만들어지고 난 훨씬 다음의 이야기다. 중간에 멈추는 것은 작가처럼 오랜 기간 몰두해야 하는 일을 할 때도 효과적이다.

헤밍웨이도 도중에 손을 멈췄다

헤밍웨이도 항상 도중에 손을 멈췄다. 그는 어느 잡지 인터뷰에서 일하는 방식을 이런 식으로 표현했다.

"일단은 전에 쓴 부분을 읽는다. 항상 다음이 어떻게 되는지 구상이 끝난 지점에서 펜을 멈추니까, 거기서부터 이어서 쓸 수 있다. 그리고 아직 기운이 남아 있고, 다음을 어떻게 쓸지 윤곽이 잡힌 지점까지 쓰고 멈춘다."

헤밍웨이는 일을 시작하는 것의 어려움을 잘 알고 있었다. 그래서 다음 이야기가 어떻게 될지 머릿속으로 구상이 끝난 지점에서 멈추고, 다음 날 바로 거기서부터 시작해서 고민하지 않고 순조롭게 집필을 시작하도록 했다. 일단 글쓰기를 시작하기만 하면 그 후로는 뇌가 집중력을 발휘한다. 이것은 비즈니스에도 응용할 수 있다.

사람은 무심코 딱 떨어지는 지점까지 일을 끝낸 다음 집에 가고 싶어 하지만, 그렇게 하면 내일은 아무런 실마리도 없는 지점에서 일을 시작해야 한다. 기획서를 쓸 때 억지로 끝까지 마무리하기보다 도중에 손을 떼보라. 내일 업무를 빠르게 시작할 수 있다.

"좀 더 쓰고 싶은 기분은 내일을 위해 남겨둔다."

무라카미 하루키도 마찬가지로 멈추는 일을 철저히 하고 있다. 400자 원고지 10장 분량을 쓴 지점에서 글쓰기를 멈춘다고 한다. 그는 어느 잡지 인터뷰에서 이렇게 말했다.

"8장까지 쓰고 이제 더는 쓸 수 없다고 생각해도 어떻게든 10장을 채운다. 좀 더 쓰고 싶은 생각이 들어도 거기서 멈춘다. 좀 더 쓰고 싶은 기분은 내일을 위해 남겨둔다."

6장에서 극적인 전개가 진행되는 내용을 다 썼다고 해도 계속해서 다음 4장을 쓰는 것이다. 요컨대 매일 써야 할 분량을 정해놓고, 내용이나 형식상으로 딱 나누어지는 지점이 있더라도 거기서 멈추지 않는다는 것이다.

작가 앤서니 트롤럽Anthony Trollope은 "평상시에 하는 사소한 작업도 매일 하면 단속적일 수밖에 없는 헤라클레스의 모험보다 낫다."라고 말했다. 어렵고 중요한 일을 다 해냈다는 것은 기분 좋은 일이다. 그러나 가끔 하는 대모험도 좋지만, 매일 꾸준히 실천하는 작은 습관이 긴 안목으로 봤을 때 먼 목적지까지 우리를 안전하게 데려가줄 것이다.

STEP 32

조금 멈추어도 완전히 멈추지는 않는다

사소한 실수는 신중하게 감은 실타래를 떨어뜨린 것과 다름없다.
한 번 떨어드린 실이 풀리면 그 몇 배나 되는 실을 다시 감아야 한다.
- 윌리엄 제임스

메이저리그의 시즌이 끝나면 선수들은 모두 고향으로 돌아간다. 그러나 스즈키 이치로 선수는 구장에 나타나 연습을 시작한다.

"저도 휴식을 하려고 해봤습니다. 그것이 도움이 되는지 확인해보려고 한 달 동안 연습경기를 하지 않았습니다. 그러자 몸이 제 몸처럼 느껴지지 않더군요. 마치 병에 걸린 것처럼."

그는 여러 방법을 시도해보면서 다른 선수와 반대의 방법으로 간다. 진정한 깨달음을 얻은 사람 같아 보인다. 이치로가 중요하게 여긴 것은 '완전히 멈추지 않는 것'이다.

작가 존 업다이크John Updike도 영감을 기다리지 않고 매일 글을 쓰라고 했다. 그 이유는 '글을 쓰지 않는 일은 굉장히 편해서 그것에 익숙해지면 다시는 글을 못 쓰게 된다.'라고 했다.

1년 만에 만나는 멧돼지는 두렵다

엽사인 센마쓰 신야에게 이런 이야기를 들은 적이 있다. 일본에서 수렵할 수 있는 기간은 겨울의 몇 개월뿐이다. 그래서 다음해 수렵기간이 되어 1년 만에 멧돼지와 상대할 때는 '멧돼지가 이렇게 무서웠었나?'라고 생각한다고 한다.

책을 쓰는 일도 비슷해서, 이 이야기를 듣고 크게 반성했다. 거의 2년 만에 새 원고를 쓰기 시작하고 보니, 글을 쓰는 게 이렇게 어려운 일이었나 싶었다. 속도를 줄이더라도 차바퀴를 완전히 멈추지 않는 편이, 다시 달리는 데 훨씬 유리하는 것을 통감했다.

작가 앤서니 트롤럽의 말은 앞에서도 소개했지만, 그는 나에게 '습관의 신'과 같은 인물이다. 그는 원래 우체국 직원으로, 영국에 있는 빨간 우체통을 창안한 것도 그다. 그는 출근 전 2시간 반을 집필에 할당했다. 그래서 풀타임으로 일하면서 47편의 소설과 16편의 저작을 남겼다. 상당히 다작한 작가로 볼 수 있다.

다작의 비결은 끝나자마자 바로 다음 작품에 착수하는 것이었다. 어느 날 그는 600쪽짜리 대작을 완성했다. 일반적인 작가라면 탈고 후에 밖에 나가 실컷 놀거나 오랫동안 휴가를 보낼 것이다. 그러나 600쪽의 마지막 페이지를 썼을 때, 정해진 2시간 반까지 15분 정도 시간이 남아 있었다고 한다. 그는 방금 전에 탈고한 원고에 '완결'이라고 쓴 뒤, 그것을 옆에 두고 곧바로 새로운 작품을 쓰기 시작했다.

피아니스트나 기타리스트는 하루라도 악기를 만지지 않으면 감각이 둔해진다고 한다. '하루만 쉬어도 3일치 연습성과가 사라진다.'는 연주자도 있다. 나도 3, 4일만 운동을 걸러도 그 이전의 상태로 돌아가기 위해 평소보다 더 노력해야 한다. 습관 역시 멀어지면 다시 되돌리기가 힘들어진다.

STEP 33

반드시 기록을 남긴다

지성은 매사를 배제하기 위해 있는 것이 아니라 받아들이기 위해 있다.
- 영화 '넥스트 스톱 그린위치 빌리지' 중에서

매일 아침, 체중계에 올라가기만 해도 체중을 쉽게 줄일 수 있다는 연구결과가 있다. 다음 날 체중계에 올라갈 일을 생각하기만 해도 식생활에 신경을 쓰게 되기 때문이다. 다음 날 아침에 체중이 늘어나면 기분이 울적해지고, 그것이 벌칙이 된다. 벌칙을 피하려고 눈앞의 맛있는 음식을 밀어낼 수 있다. 습관을 들일 때도 이런 측정과 기록의 효과를 사용해야 한다.

스마트폰 애플리케이션으로 습관을 기록한다

나는 스마트폰의 '웨이 오브 라이프Way of Life'이라는 애플리케이션으로 매일 습관을 기록하고 있다. 일찍 일어나기, 요가, 운동, 글쓰기 등 항목별로 나누어서 계획대로 실천했다면 녹색, 하지 못했다면 빨간색으로 그날의 습관을 칠하는 시스템이다. 비슷한 애플리케이션이 여러 가지 있는데, '모멘텀Momentum' 등도 유명하다. 기분 좋은 것은 연속해서 달성했을 때 효과음과 함께 점차 숫자가 쌓여가는 일이다.

미국의 코미디언 제리 사인펠트Jerry Seinfeld는 코미디 소재를 만든 날은 달력에 ×표를 쳤다. ×가 계속 이어지면 쇠사슬 모양이 된다며 이렇게 말했다. "그 사슬의 모양을 보는 것이 점점 즐거워졌다. 몇 주 분의 길이가 되면 각별한 기분마저 든다. 다음 목표는 그 사슬을 끊어지지 않게 하는 것이다." 이 경우 사슬이 끊어지는 일 자체가 벌칙이 되므로 습관을 유지하도록 노력하게 된다.

기억은 사실조차 자신에게 유리하게 조작한다

기록하지 않으면 인간의 기억은 무서울 정도로 사실을 왜곡한다. 내가 다니는 헬스장 머신에는 횟수를 보여주는 기능이 있는데, 내가 '영차! 10번 들었다!'라고 생각해도 머신에는 8번이라고 기록된 적이 몇 번 있었다. 너무 괴로운 나머지 내 머리가 횟수 세기를 조작했나 싶어 상당히 놀랐다. 습관을 유지하려고 해도 사실을 기록하지 않고 '그럭저럭 잘하고 있는 편인가?' 하는 마음만 있다면 자신에게 지나치게 관대해진다.

그러니 매일 기록을 해야 한다. 습관으로 자리 잡으면 신경 쓰지 않아도 저절로 기록하게 되지만, 그 전까지는 주의해야 한다. 나는 최근 몇 년 동안 아침마다 체중을 측정해왔는데, 과음하거나 과식한 다음 날은 결과가 나쁠 것이 뻔하기 때문에 일부러 체중계에 올라가지 않은 적도 많았다. 나쁜 결과를 피하려고 애초에 체중계에 올라가지 않는 것은 교활한 짓이다. 체중이 늘어나도 매일 측정해야 한다. 그 후회스러운 기분이 벌칙이 되어 다음으로 이어지기 때문이다.

[나쁜 습관을 버리지 못하는 이유]

"이번 일은 없던 일로 해야겠어…."

그 외에도 기록을 할 때 '이번 일은, 오늘 일은 없었던 일로 하자.'라고 생각하는 경우가 있다. '여행 중이니까.', '컨디션이 좋지 않으니까.', '평상시와 다른 일이 일어났으니까.'라는 식으로 없던 일로 하고 싶은 이유는 얼마든지 늘어난다. 앞서 말한 '웨이 오브 라이프'라는 애플리케이션에도 '스킵'이라는 기능이 있다. 즉 '오늘은 예외'라는 표시를 사용하는 것인데, 지나치게 자주 사용하면 스킵 투성이가 된다. 그러니 딱 잘라서 달성여부만을 기록하자.

달성한 일을 목록으로 쓴다

내가 반년 동안 빈둥거리면서 우울함을 느꼈을 때, 어느 날 그날 한 일의 목록을 일기에 쓴 적이 있다.

- 귀찮은 메일에 답장을 했다.
- 갖고 싶은 신발의 가격을 조사했다.
- 쓰레기를 밖에 내놨다.
- 세금을 냈다.
- 파인애플 껍질을 벗기는 방법을 배웠다.

사람들은 종종 "오늘은 아무것도 하지 않은 것 같다."며 우울해하기도 하는데, 기록을 해보면 나름대로 처리한 용무가 있고, 해야 할 일의 준비를 하기도 했을 것이다. 한 일의 목록을 쓰는 일은 더 우울해지는 것을 막아준다.

진척상황을 눈으로 보면 없던 힘도 솟아난다

기록의 좋은 점은, 자신의 노력이 형체를 가지게 되어 힘을 보태준다는 것이다. 콜롬비아 대학에서 포인트카드를 이용해 다음과 같은 조사를 한 적이 있다. 카페에 방문하면 1포인트를 받고, 일정 포인트가 쌓이면 커피를 무료로 제공했다.

ⓐ 포인트가 0인 카드를 받고, 10개를 모으면 커피가 무료.

ⓑ 이미 포인트가 2개 찍힌 카드를 받고, 12개를 모으면 커피가 무료.

공짜 커피를 마시기 위해 10포인트를 모아야 하는 것은 둘 다 똑같지만, ⓑ의 경우, 평균 20% 빠르게 공짜 커피를 얻었다고 한다. 10포인트를 먼저 모은 것이다. 아무것도 없는 상태보다 어떤 일이 진행되고 있다는 느낌이 들면 사람들은 그 행위에 노력을 더 기울인다는 사실을 보여주는 결과였다.

헤밍웨이는 자신이 쓴 단어의 수를 매일 기록해서 표로 만들었다. 앤서니 트롤럽도 15분에 250개의 단어를 쓰는 과제를 스스로 부여해서 단어수를 헤아렸다. 그것을 모방해서 나도 이 책의 원고를 쓸 때 매일 쓴 글자수를 기록했다. 이렇게 하면 그날의 일을 끝냈다는 만족감과 더불어 훌륭한 일을 하나 더 해낸 듯한 기쁨이 생겼다. 진척상황을 기록하는 데는 승리를 미리 축하하는 의미도 있다.

STEP 34

휴식시간을 충분히 확보한다

한창 행동할 때는 정적을, 그리고 휴식할 때는 활기를 배워야 한다.
- 마하트마 간디

습관을 지속하기 위해 중요한 것은, 자신이 얼마나 휴식을 해야 충분히 회복되는지 파악하는 일이다. 회복하지 않으면 다음 날 어딘가에서 무리가 발생한다. 작은 균열은 점차 커져서 지속하기가 어려워진다.

먼저 자신에게 수면시간이 얼마나 필요한지 정확히 파악해야 한다. 나는 알람을 맞추지 않고 자연히 눈이 떠졌을 때의 수면시간을 여러 차례 기록해보았다. 그 결과를 보고 나에게 필요한 수면시간(침대에 있는 시간)이 8시간 정도임을 알았다.

하루가 23시간이라고 생각한다

무라카미 하루키는 하루에 1시간은 반드시 달리기나 수영을 한다. 그래서 그는 하루가 23시간이라고 생각한다고 알려져 있다. 운동을 필수로 놓고, 나머지 시간을 다른 일에 할당한다. 24시간에서 먼저 1시간을 빼놓고 생각하는 것이다. 마찬가지로 나는 먼저 수면, 식사, 휴식 같은 기본적인 활동을 24시간에서 빼놓는다. 그다음 다른 일에 나머지 시간을 할당한다.

사람들이 병원에 가는 3가지 대표적인 이유는, 수면시간이 부족하거나, 밥을 맛있게 먹지 못하거나, 쉬지 못해서다. 이런 기본적인 조건이 충족되지 않으면 몸이 아프다. 블랙기업(위법적으로 노동착취를 일삼는 기업을 칭하는 말 - 옮긴이)에서 오랫동안 혹사당해도 자신을 희생한다는 도취감에서 보상을 얻는 경우가 있다. 그런 환경에서 벗어나고 싶어도 회사 동료들과의 관계나 사내 커뮤니티를 끊지 못한다. 수면이나 휴식 같은 기본적인 시간이 확보되지 않는다면, 근본적으로 필요한 생명활동을 희생하면서까지 하고 싶은 일인지, 다시 생각해봐야 한다.

스티븐 킹은 오전에만 글을 쓴다

스티븐 킹Stephen King은 다작한 작가이지만, 《유혹하는 글쓰기》에 따르면 집필은 오전 중에만 한다고 정해놓았다고 한다. 그리고 집필에 착수하면 매일 글을 쓴다고 한다. 크리스마스에도 쓰고, 생일날에도 쓴다. 매일 쓰는 대신 오전에만 집필을 해서 피로하지 않게 조절할 수 있다고 한다. 이것이 오랜 세월 동안 문단의 최전선에서 활약한 그만의 비결인 듯하다.

이런 식으로 업業을 지속하려면 휴식도 필요하다. 쉬지 않으면 일을 꾸준히 할 수 없다. 그래서 나는 휴식이 일과 다른 것이 아닌, 같은 과정에 있는 하나의 행위라고 생각하게 되었다. 지속하지 못할 정도로 피곤하다면 애초에 일이 아닌 것이다.

잠을 자는 동안 아이디어가 떠오르는 이유

화가 살바도르 달리는 꿈에서 본 광경을 그림으로 그렸고, 로버트 루이스 스티븐슨Robert Louis Stevenson도 《지킬 박사와 하이드》의 이중인격이라는 주제를 꿈에서 떠올렸다. 독일의 화학자 케쿨레Friedrich August Kekule처럼 꿈에서 본 이미지에서 화학식을 떠올린 사람도 있다. 이렇듯 사람은 깨어 있을 때보다 수면 중에 더 대단한 일을 해내기도 한다. 잠이 들면 의식은 사라지지만, 뇌는 계속 활동하고 있어 소비되는 칼로리도 줄어들지 않는다.

과거에 나는 잠자는 시간이 솔직히 아까웠다. 하지만 심신의 회복을 위해 어쩔 수 없이 자야 한다는 식으로 받아들였다. 그래서 잠을 짧게 자도 괜찮은 사람이 부러웠다. 그러나 꿈을 보면 알 수 있듯이 수면 중에 우리의 무의식이 펼치는 상상력이 평소보다 훨씬 엉뚱하고 재밌을 때도 있다.

왜 자는 동안 이런 놀라운 일이 벌어지는 걸까? 학자들은 렘REM 수면 중에 각성상태에서는 일어나지 않는 신경세포의 무작위적 결합이 일어나기 때문이라고 말한다. 그래서 꿈이 그렇게 초현실적인 것이다. 그리고 눈을 떴을 때는 생각지도 못했던 기억의 조합 덕분에 아이디어가 샘솟기도 한다.

이 책을 쓸 때도 그랬다. 책상 앞에 앉아서 생각할 때가 아니라 한밤중에 잠에서 깨어 멍하니 있을 때 해결책이 떠오르거나, 잠을 자다가 무언가 '맞아! 그거야!'라고 느낀 순간이 몇 번이나 있었다('맞아!'라는 느낌만 남고 '그것'이 무엇인지는 잊어버린 적도 많다).

수면은 단지 회복을 위해 필요할 뿐만 아니라 창조적인 활동에 필수적인 요소가 아닐까?

자기 전에는 재미없는 일을 하라

왜 잠드는 시간이 점점 늦어질까? 그날을 다 포기할 수 없기 때문일 것이다. 낮에 일 때문에 바빴다면, 밤에는 개인적으로 좋아하는 일을 하게 마련이다. 해외 드라마, 미스터리 소설, 퍼즐게임 등 멈출 수 없을 정도로 재미있거나 다음이 궁금해지는 활동들을 주로 밤에 한다.

물론 그런 것을 보거나 하면 무척 즐겁다. 하지만 잠자리에 들기 직전까지 너무 재미있고 스펙터클한 활동을 하다 보면 '10분만 더 보고 잘까?', '이 부분이 끝날 때까지만 하자.' 하며 계속 반복한다. 그래서 자는 시간이 점점 늦어진다.

그래서 자기 전에 조금 지루한 일을 해보기를 권한다. 예를 들면, 지루한 책을 읽는 것이다. 특히 단편집이나 시집은 짤막하게 나누어져 있으므로 어디에서든 멈추기 쉽다. 실용서나 영어 문법책도 항목별로 나누어져 있으니 아무 때나 덮을 수 있다. 화가 프랜시스 베이컨은 불면증에 시달렸는데, 잠을 자기 전에 반복해서 오래된 요리책을 읽었다.

나는 21시 반에 취침알람이 울리면 하던 일을 멈추고 잔다. 그렇게 해서 후회 없이 그날을 포기할 수 있다.

STEP 35

낮잠의 효과는 절대적이다

몇 시에 식사를 하고, 그다음 낮잠을 자는지, 안 자는지 가르쳐주면
당신이 어떤 사람인지 알아맞힐 수 있다.
– 메이슨 커리, 작가

영국의 전 수상 윈스턴 처칠과 35대 미국 대통령 존 F. 케네디처럼 바쁜 정무에 종사했던 사람들이 효과적으로 낮잠을 이용했다는 이야기는 널리 알려져 있다. 《리추얼》에 의하면 대다수의 천재가 낮잠을 잤다고 한다. 아인슈타인, 다윈, 마티스Henri Matisse, 프랭크 로이드 라이트Frank Lloyd Wright, 리스트Franz Liszt도 낮잠을 잤다. 아무래도 머리를 많이 쓰는 일, 창조적인 일과 낮잠은 뗄 수 없는 관계인 듯하다.

NASA, 구글, 나이키 등은 '낮잠 자는 방'을 준비해서 20분 정도의 짧은 낮잠(파워냅power-nap, 기력을 회복하기 위해 잠깐 자는 잠 – 옮긴이)을 장려하고 있다고 한다.

나도 하루 2번 15분씩 파워냅을 하고 있다(첫 번째 파워냅은 뒤

에서 밝히겠지만 아침에 잠시 더 자는 잠이다). 머지않은 미래에는 회사에 '낮잠 자는 방'을 의무적으로 설치하도록 하는 법을 제정해야 하지 않을까? 내가 만약 회사를 만든다면 무엇보다 낮잠 자는 방을 확보하는 일을 가장 중요한 과제로 삼을 것이다. 그 정도로 절대적인 효과를 느끼고 있다.

후쿠오카현 메이젠 고등학교에서 학생들에게 10분 동안 낮잠을 자도록 했더니 도쿄대 합격자 수가 2배로 늘어났다고 한다. 리옹 대학의 연구에 따르면 낮잠을 자면서 암기한 그룹이 학습 속도도 빠르고 장기적인 기억력도 좋았다. NASA의 연구에 따르면 26분 낮잠을 자면 기억과 주의력 등의 인지능력이 34% 향상된다.

인지능력이 올라갔다는 것은 차가운 시스템이 활성화되었다는 뜻이다. 그래서 눈앞의 욕구를 냉각하고 나중의 보상을 얻기 위해 행동할 수 있다. 나는 경험을 통해 그것을 분명히 느꼈다. 나는 운동이나 어려운 일을 처리하는 등 의지력이 필요한 작업을 하기 전에 15분간 파워냅을 한다. 그러면 15분 만에 놀랄 정도로 상쾌해지고 의욕이 넘친다.

'전략적 낮잠'으로 아침이 2번

지금 나는 아침을 2번 맞으며 살고 있다. 아침 5시에 일어나서 9시 반에 도서관에 가는데, 그사이에 4시간이 생긴다. 그때 원고를 쓰고, 요가를 하고, 영어를 공부하는 등 다양한 일을 하고 나면 가장 중요한 일을 하기 전에 정신이 조금 소모된다는 느낌이 들었다.

그래서 그 전에 잠깐 잠을 자기로 했다. 이 15분의 쪽잠을 '전략적 낮잠'이라고 부른다. 그렇게 하면 의지력은 다시 회복된다. 밤에 충분히 자는 편이지만 완벽하게 푹 잠들지 못하는 날도 있고, 한밤중 애매한 시간에 일어나기도 한다. 그것이 15분의 낮잠으로 조절되어 하루 종일 기분이 상쾌해진다.

작가 니콜슨 베이커Nicholson Baker도 이 방법을 택했다. 새벽 4시에서 4시 반 사이에 일어나서 1시간 반 정도 원고를 쓴다. 그러면 잠이 오기 때문에 다시 잠을 자고 8시 반에 일어난다고 한다. 첫 번째로 아침 일찍 일어날 때 다소 졸리더라도 '곧 다시 한 번 더 잘 수 있으니까.'라고 생각하면 쉽게 일어날 수 있어 괜찮은 방법이다. 이렇게 하루에 아침을 2번 만들어내는 전략적 낮잠을 추천한다.

STEP 36

적극적인 활동을 하며 휴식한다

세상이 무엇을 필요로 하는지 묻기 전에 자신이 기운 나는 일을 하라.
세상은 활기찬 사람들을 필요로 하기 때문이다.
- 해롤드 휘트먼Harold Whitman, 작가

아무것도 하지 않고 쉬기보다 적극적으로 행동하는 편이 훨씬 마음을 쉬게 하고 정신적으로 좋은 영향을 준다. 이것을 '세체노프Sechenov 효과'라고 부른다. 우리는 피곤하면 침대에 누워서 빈둥거리고 싶어지지만, 잠만 자면 기분은 바뀌지 않고, 저녁 무렵에는 자기혐오로 똘똘 뭉치게 된다. 에너지를 사용하지 않는 것이 휴식이라고 할 수는 없다. 밖에 나가서 자연을 만끽하는 것처럼 쉴 때도 적극적으로 즐거움을 찾는 편이 진정한 의미의 휴식이 될 것이다.

'코핑 리스트'가 있는가?

충실하게 살아도 때때로 슬프고 허무할 때가 찾아오게 마련이다. 그럴 때를 대비해서 자신이 좋아하는 기분전환 방법을 많이 준비해두는 것이 좋다. 스트레스에 의도적으로 대처하기 위한 나만의 방법들을 '코핑 리스트coping list'라고 한다.

내 경우는 산책을 하거나, 나무나 흙 등을 만지면 스트레스가 가라앉는다. 모닥불을 피우는 일, 자동차를 운전하는 일, 영화관에서 영화를 보는 일도 그렇다. 가끔은 멀리 여행을 떠나기도 한다. 내키지 않아도 그런 일들을 하면 확실히 활력이 생기고, 푹 가라앉았던 기분이 회복된다. 마음에 드는 장난감으로 자기 자신을 달래는 셈이다.

STEP 37

머리를 비울 시간이 필요하다

무슨 일이든 연속적으로 하면 싫증이 난다. 추위를 경험해야
몸을 녹이는 즐거움도 안다.
- 블레즈 파스칼Blaise Pascal

나는 요즘 하루를 일주일처럼 보내고 있다. 아침부터 저녁까지 공부하거나 일하는 시간은 회사에서 근무하는 평일과 같다. 일을 마치고 헬스장에 가서 운동을 하고 나면, 내가 하루에 해야 하는 일이 끝난다. 날이 저물면 주말처럼 한가로운 자유시간이 찾아온다.

자유시간에는 무엇을 해도 상관없다. 처음에는 몸이 녹초가 되었기에 드러누워서 스마트폰만 봤는데, 이상하게도 죄책감이 들지 않았다. 결국 노는 행위 자체가 아니라 할 일을 마치지 않고 논다는 사실이 죄책감을 낳았던 것이다. 그런 습관에 익숙해지자 피곤함도 사라졌고, 빈둥거리며 스마트폰을 보던 시간도 자연히 줄어들었다. 요즘은 자유시간에 영화를 자주 본다.

누구나 시간을 최대한 유익하게 사용하고 싶어 한다. 습관은 바로 그런 목적을 위해 존재한다. 그러나 24시간 전부를 유익한 시간으로 채울 수는 없고 또 그럴 필요도 없다. 습관을 지속해가는 동안 머리를 비울 수 있는 시간도 의식적으로 확보해야 한다.

칸트의 휴식법

비평가 가라타니 고진은 일본을 대표하는 지성인이지만, '집필이나 독서는 저녁까지만'이라고 못 박아두고, 밤에는 드라마나 영화를 본다고 한다. 저녁 이후에는 머리를 사용하지 않겠다는 뜻이다. 10년 이상 그렇게 해왔다고 한다.

철학자 칸트도 '습관의 신'이라고 불릴 만한 인물인데, 산책 에피소드가 유명하다. 칸트는 매일 15시 반이 되면 꼭 산책을 하러 나갔다. 시간이 지나치게 정확해서 동네 사람들이 칸트를 보고 시계를 맞출 정도였다고 한다. 칸트는 평생 독신으로 지냈고 고향인 쾨니히스베르크에서 계속 살았으며, 몇 시간만 가면 닿을 수 있는 바다조차 본 적이 없었다고 한다.

정말 괴짜 천재처럼 보이지만, 실제로는 사교적인 면도 있었고 대화에도 능숙했다. 식사는 하루에 딱 한 번만 했지만, 동료만이 아니라 다양한 동네 사람들과 세상 이야기를 나누며 즐겼다고 한다. "혼자서 식사하는 것은 철학을 하는 사람에게 불건전한 일이다."라고 칸트는 말했다. 사람과 대화하는 일이 그의 머리를 쉬게 해준 것이다.

습관에도 변화가 필요할까?

최근 수천 km나 되는 트레일(자연 산책길, 등산길)을 걷는 것이 유행인데, 몇 개월을 매일 걷다 보면 그것은 여행이 아니라 일상이 된다고 한다. 대자연 속에서 하는 도보여행도 점점 일상의 풍경이 되는 것이다.

내가 프리랜서가 된 후 하루하루가 일요일 같았지만 그리 기쁘지 않았던 것처럼, 습관에도 적절한 변화가 필요하다. 습관의 보상을 실감할 때까지, 습관이 자리를 잡을 때까지는 가능한 한 매일 하는 편이 좋다. 그러나 습관이란 무엇보다도 꾸준함을 최우선으로 하는 행위다. 그래서 습관 자체에 싫증이 나지 않도록 때때로 변화를 주고 휴식도 취한다. 내 경우로 말하자면 일주일에 하루는 휴식을 취하거나 어딘가 외출하는 편이다.

STEP 38

목적과 목표를 혼동하지 않는다

성공은 결과이지 목적이 아니다.
- 귀스타브 플로베르Gustave Flaubert

로버트 M. 슈워츠Robert M. Schwartz의 《다이어트 절대 하지 마라》에 따르면 다이어트에 성공하는 사람은 200명 중 10명뿐이고, 그 체중을 계속 유지하는 것은 단 1명이라고 한다. 이리저리 노력해서 목표를 달성할 수는 있어도 유지는 어렵다는 것이다.

그것은 다이어트를 일정 기간의 인내를 통해 목표체중을 달성하는 일이라고 생각하는 사람이 많기 때문이다. 목표를 달성하면 만족과 동시에 마음이 느슨해진다. 그러다 보면 어느새 원래의 체중으로 돌아간다. 다이어트는 의사면허나 사법시험처럼 한 번 취득하면 평생 쓸 수 있는 것이 아니다. 축제나 이벤트도 아니다. 다이어트의 목적은 인내 없이 지속할 수 있는 생활방식을 찾는 것이다.

목적을 모르면 에너지가 쉽게 고갈된다

운동선수가 올림픽과 같은 큰 대회를 경험한 후 우울증에 걸리는 'PODPost Olympic Depression'라는 증상이 보고되고 있다. 달을 탐사하는 아폴로 계획Apollo Project에 참가했던 우주 비행사들이 성취감을 느낀 후 의기소침해졌다는 보고도 있다.

프로게이머 우메하라 다이고 역시 자신의 목적은 계속 성장하는 것이지 대회의 우승이 아니라고 했다. 승리만을 목표로 하면 에너지가 전부 연소되어 지속할 수 없다는 것이다.

목적, 목표, 지표 등은 말이 비슷해 써놓고도 혼란스럽다. 아널드 슈워제네거가 목적의 의미로 사용한 것은 마스터플랜Master plan이라는 말이다. 그는 '마스터플랜이라는 큰 목적을 위해 오늘 할 수 있는 일은 무엇인가?'라고 계속 자문했다고 한다.

내가 마라톤 완주기록을 설정한 것도 어디까지나 목표다. 3시간 30분이라는 목표가 있으면 매일 제대로 달리고자 하는 마음을 지속할 수 있다. 하지만 내가 달리는 목적은 건강한 심신을 유지하기 위함이다. 또한 나에게 책을 내는 일도 목표이고, 목적은 호기심을 계속 채우는 일이다.

STEP 39

일단 눈앞의 목표만 본다

영웅은 자신이 할 수 있는 일을 한 사람이다.
그런데 평범한 사람은 할 수 있는 일을 하지 않고 할 수 없는 일을 원한다.
- 로맹 롤랑Romain Rolland, 작가

볼링을 할 때 높은 점수를 받으려면, 핀을 향해서 던지는 게 아니라 바닥에 새겨져 있는 스폿을 향해 공을 던져야 한다. 어떤 행동을 습관으로 만들고 싶을 때도 이를 명심해야 한다. 이 말이 무슨 뜻일까?

[나쁜 습관을 버리지 못하는 이유]

동전 1개를 모을 수 있어야 목돈도 모은다

사람은 무언가 목표를 향해서 노력할 때 달성까지 기울여야 하는 노력의 총량을 따져보기도 한다. 100만 엔을 저금하려면 10엔이나 100엔을 끈기 있게 모아야 한다. 그러나 이미 100만 엔을 가진 사람을 보면, 자신이 지금 모으려고 하는 10엔이나 100엔이 의미 없게 느껴진다.

어릴 때 외국에서 살다 와서 영어를 유창하게 하는 친구를 보면 부모님이나 가정환경이 원망스럽고, 눈앞에 있는 영어단어 하나를 외우는 일이 한심해 보인다. SNS를 보면 엄청나게 멋있는 프로젝트들이 수없이 돌아가고, 내 앞을 달리는 사람들은 속도를 한층 더 올리고 있다. 그런데 내가 그 수준까지 기울여야 하는 노력이 얼마나 될지를 생각해보면 의욕이 순식간에 사라진다.

"남은 것은 그저 42km뿐."

이런 동전 1개의 문제에 대처하려면 눈앞의 목표에만 집중하는 자세가 필요하다. 축구선수 미우라 가즈요시는 51세이지만 아직 현역인데, 예전부터 지금의 나이까지 플레이하는 일을 목표로 삼았던 것은 아니라고 한다. 30세 때 이미 은퇴를 생각했지만, 그때부터 '2년만 더하고 그만두자.', 또 '2년만 더….' 하고 생각하는 동안에 지금까지 선수로 뛰게 된 것이다.

두 번째 마라톤 대회에 참가했을 때, 나는 무릎이 아파서 몹시 괴로웠다. 20km 지점에서 '아직 절반도 못 왔다니….', 30km

지점에서 '아직 10km나 남았다니….' 하는 생각에 당장 주저앉고 싶었다. 그래서 후반부에는 '앞으로 딱 2km만 더 달리고 기권하자.'라고 마음먹었다. 그리고 그 2km가 지나면 다시 같은 생각을 하면서 달렸더니 결국 완주에 성공했다.

영화 '핵소 고지'는 75명이나 되는 부상병을 단 1명의 위생병이 구했다는 실화를 바탕으로 만들어졌다. 주인공은 자국의 군대가 철수한 뒤에도 홀로 남아서 버려진 부상병을 계속 옮겼다. 총탄이 날아드는 전장에서 그는 "하느님, 부디 제가 한 사람만 더 구하게 해주세요."라고 계속 빌었다.

반대로 자신이 과거에 쌓아올린 일에서 용기를 얻기도 한다. 마라톤 선수 다카하시 나오코가 마라톤 레이스의 본경기에 도전하면서 남긴 말이 인상적이다.

"지금까지 도대체 얼마나 달렸던가? 남은 것은 그저 42km뿐이다."

STEP 40

반드시 '실패'가 필요하다

어째서 자책합니까?
필요할 때 누군가가 제대로 책망해주니 그만하면 되지 않았습니까?
– 앨버트 아인슈타인

습관을 들이려면 가능한 한 많은 실패를 경험해봐야 한다. 안타깝지만 이 책을 한 번 읽는다고 습관이 만들어질 리는 없고 시행착오가 꼭 필요하다. 자기계발이나 비즈니스 서적에 자주 등장하는 '어떻게 하면 성공할 수 있을까?'라는 질문의 답은 매우 간단하다. 성공을 목표로 하지 말고, 재빨리 그리고 가능한 한 많이 실패해보는 것이다. 그 이유가 뭘까?

내 친구 중에 실패할 때마다 싱글벙글거리는 사람이 있다. 실패했다는 것은 제대로 되지 않는 방법을 발견한 셈이고, 성공에 한 걸음 더 가까이 갔다는 증거이기 때문이다. 실패했다는 일 자체는 실패가 아니다. 그 실패를 다음번에 교훈으로 살리지 못했을 때가 진정한 실패다. 제대로 되지 않는 방법을 많이 발견하면 언젠가는 제대로 가는 방법을 찾을 수 있다.

그런 의미에서 실패는 거의 성공이나 다름없다. 일과 휴식의 관계가 그렇듯이 성공과 실패는 같은 과정 안에 있는 거의 비슷한 행위다. 그저 알기 쉽게 구분해서 실패와 성공이라는 별개의 이름을 붙였을 뿐이다.

누구나 헛된 실패는 하고 싶지 않을 것이다. 그래서 누군가에게 가르침을 청하거나 비법을 찾아 나선다. 그렇게 실패를 피하려고만 하면 결국 멀리 돌아가게 된다. 진정한 실패를 맛보고 수치심을 느끼거나 보상을 얻지 못하고 손해 보기도 한다. 그래서 의욕을 잃고 지속하지 못하게 된다. 성공하는 사람은 실패해도 포기하지 않고 마지막까지 지속한 사람이다. 정말 그것뿐이다.

실패를 모아두는 일의 의미

습관이 되면 그것을 몸에 익히기 전에 상상했던 것보다도 훨씬 편하게 지속할 수 있다. 그러나 단순히 즐거움만 누리는 일과는 다르다. 나 역시 아침에 졸리고, 일하러 가기 싫을 때도, 달리는 것이 귀찮을 때도 있다.

그러나 실패를 기록으로 모아두면 그런 기분을 이겨낼 수 있다. 나는 아침에 일어나지 못하면 침울해진다. 앞에서도 설명했듯이 일어나자마자 하는 요가나 명상 등을 못하기 때문이다.

딱 한 잔만 마시려고 했다가 과음해서 다음 날 숙취로 하루를 무의미하게 보내버리고 후회한 적도 많았다. 그런 일을 반복할 때마다 몇 번이고 기록했다. 지금 생각해보면 그것은 내게 꼭 필요한 실패였다. 한두 번의 실패는 벌칙이 아니다. 앞에서 밝혔듯이 내일의 나는 지금의 나와는 다른 행동을 할 수 있는 슈퍼맨처럼 보인다. 실패를 거듭하면서 그 환상을 손에서 놓아버리는 지점부터 모든 것이 시작된다.

실패와 자기부정을 구분하고 잘라서 나눈다

중요한 것은 실패했을 때 침울해지지 않는 것이다. 슬픈 상상을 한 아이는 마시멜로 실험에서 기다리지 못했다는 점을 다시 떠올리자. 침울해지면 나중에 보상을 얻기가 더 어려워진다. 그러니 악순환에 빠지지 말아야 한다.

사람에게는 부정적인 일일수록 크게 평가하는 '부정편향negativity bias'이라는 특징이 있다. 그래서 나쁜 습관이 하나 있으면 무의식중에 계속 그것에 주목한다. 그럴 때는 좋은 습관으로 눈을 돌리는 것이 중요하다.

작가 야마구치 세이코는 집이 어질러져 있을 때 어질러진 방을 보고 우울해하기보다 '지금 나는 청소조차 할 수 없을 정도로 열심히 살고 있다!'라고 자신을 칭찬한다고 한다. 시도한 방법이 별로여서 실패했을 뿐이지 우리 자신이 나쁜 것은 아니다.

STEP 41

습관이 자리를 잡았다는 신호

경험을 쌓아도 불안은 사라지지 않는다. 불안과 함께하는 수밖에 없다.
- 오스기 렌, 영화배우

어느 정도 지속해야 드디어 습관이 되었다고 말할 수 있을까? 이 문제는 누구라도 궁금할 것이다. 21일이면 습관이 된다는 설도 있다. 그러나 이것은 수족이 절단된 환자가 그 상태에 익숙해질 때까지 21일이 걸렸다는 에피소드에서 나온 것으로, 미신 같은 말이다. 어떤 일이 습관으로 자리 잡았다는 것은 보상을 감지하는 뇌의 신경회로가 실제로 변화하는 일이다. 그런 복잡한 일이 정해진 기간 안에 이루어진다는 발상이 애초에 이상하다. 한 논문에서는 물을 마시거나 스쾃을 하는 행위가 습관이 될 때까지 걸리는 기간은 평균 66일이라고 주장했다. 그러나 이것은 18일부터 254일까지의 설문결과를 평균 낸 것으로, 폭이 지나치게 넓어 그다지 믿을 만하지 않다.

새로운 습관을 만들 때는 며칠 만에 습관이 될지, 그 기간에 전전긍긍하지 않는 편이 낫다. 가령 '30일 스쾃 챌린지'라고 기간을 정해 도전한다면 의미가 있겠지만, 중요한 것은 목표가 아니라 그 챌린지가 끝난 31일째에도 스쾃을 지속하는 것이다. 그 챌린지를 '인내'라고 생각한다면 언젠가 무너지고 만다.

습관이 되었을 때는 스스로 알 수 있다

며칠 만에 습관이 되는가? 이 문제에 답은 없다. 그러나 확실히 말할 수 있는 것은 습관이 자리를 잡으면 스스로 알 수 있다는 것이다. 내가 습관이 되었다고 실감했을 때를 예로 들어보겠다.

헬스장에 10년 가까이 다녔지만 일주일에 1번이나 바쁘면 한 달에 1번만 간 적도 있다. 그러다가 매일 가게 된 지 5일째 되던 날, 마침 헬스장이 휴관이었다. 예전 같으면 '휴관이라니 어쩔 수 없지. 앗싸!'라고 생각했을 것이다. 그러나 그때 나는 나도 모르게 '뭐야? 휴관이야? 아, 아쉽네.' 하는 생각이 들었고, 스스로 깜짝 놀랐다. 그때 내 머릿속에서 운동은 '해야 하지만 괴로운 것'에서 '기분 좋은 것', '끝나고 나면 성취감을 느낄 수 있는 것'으로 다시 정의된 것이다.

단것을 끊었다는 신호

버리고 싶은 습관이 정말 사라지면 그것도 감지할 수 있다. 단것을 끊고 3주가 지난 어느 날, 나는 빵집에 놓인 폭신폭신한 크림빵과 휘핑크림과 팥소가 말도 안 될 정도로 가득 든 빵을 보고도 아무 생각이 없어진 나 자신을 발견했다. 배가 고팠지만 과도한 단맛이 떠올라 오히려 속이 안 좋은 느낌마저 들었다. 달지 않은 과자만 먹던 사람이 해외에 나갔다가 끔찍하게 단 과자를 먹었을 때 받을 것 같은 그런 느낌이었다.

예전에는 '먹고 싶어! 아니, 안 돼! 참아야 돼.'라고 의지력을 발휘해야 했을 시점이다. 그러나 단것을 원하는 신경 스위치가 꺼진 것처럼 처음부터 유혹되지 않으니 단것을 끊었다는 감각조차 없어졌다. 이것이 바로 단것 먹는 습관이 완전히 사라졌다는 신호다. 정답처럼 살고 있다는 말이 있는데, 그 말이 딱 맞는 순간이었다. 습관이 되려면 며칠이 걸리는지 알 수 없다. 그러나 답을 알았을 때는 이미 그렇게 살고 있는 것이다.

의식하지 않을 때 습관은 비로소 완성된다

미니멀리스트의 완성은 '미니멀리즘을 실천하고 있습니다.'라고 의식하지 않을 때가 아닌가 싶다. 의식하지 않고 하는 행동에 미니멀리즘이 깃든 상태가 완성인 것이다. 습관도 마찬가지로 습관 자체를 의식하지 않았을 때가 진정한 습관이 완성된 상태 아닐까? 헬스장에 간 효과는 5일 만에 나타나기 시작했지만, 그때는 당연히 지속해야 한다는 의식이 있었다. 지금은 꾸준히 하기 위해 별다른 노력을 기울이지도 않고, 지속해야 한다는 의식도 별로 없다.

내 습관을 SNS에 올려서 남들이 알아주길 바라는 마음도 없다. '오늘은 10km 달리기 달성!'이라고 해도 나에겐 이미 당연한 일이기 때문이다. 오늘은 헬스장에 가고 싶지 않다는 생각이 떠오를 때도 있지만 어느새 그냥 발길이 향한다.

습관이 무너질까 봐 걱정하고 있다면 아직 몸에 배지 않은 상태다. 습관을 지속할 수 없는 일이 생겨도 이 정도의 일로 중단할 수 없다고 자신할 때, 양치질과 마찬가지로 하지 않으면 기분이 나쁠 때, 그리고 습관이라는 의식조차 없이 계속할 때가 진정한 습관이 완성된 시점이다.

STEP 42

하지 않는 것보다 하는 편이 낫다

인간은 지붕 고치는 일을 포함한 모든 일에 적합하다.
그렇지 않은 일은 방 안에서 꼼짝 안 하고 있는 일뿐이다.
- 블레즈 파스칼

무라카미 하루키가 쓴《달리기를 말할 때 내가 하고 싶은 이야기》에서 올림픽 육상선수인 세코 도시히코와 인터뷰한 에피소드가 있다.

"세코 선수 같은 수준의 마라토너도 오늘은 어쩐지 달리고 싶지 않다. 아, 싫다. 이대로 계속 자고 싶다고 생각한 적이 있습니까?"라고 질문했다. 세코는 문자 그대로 눈을 부릅떴다. 그리고 '이게 무슨 바보 같은 질문이야.'라는 어조로 "당연하지 않습니까? 언제나 그렇지요!"라고 말했다.

하루키는 세코 선수의 입으로 직접 그 대답을 듣고 싶었다. 설령 근력이나 운동량, 동기부여의 수준이 하늘과 땅만큼 다르다고 해도 아침 일찍 일어나서 러닝슈즈의 끈을 묶을 때 그가 자신과 같은 생각을 한 적이 있는지 궁금했다. 그리고 그 대답은 하루키의 마음에 깊은 안도감을 심어주었다. 아, 역시 모두 똑같구나.

20년 이상 거의 매일 계속 달린 무라카미 하루키도 달리고 싶지 않을 때가 있다고 한다. 무라카미 하루키가 세코 선수의 말에 안심했듯이 나도 무라카미 하루키의 말에 안심했다.

습관은 생각하지 않고 하는 행위를 말하지만, 항상 생각하지 않고 선택하거나, 갈등이 없을 수는 없다. 습관이라면 갈등이 생겨도 대개는 하게 된다. 하지만 오늘은 정말 내키지 않을 때도 인간이기에 반드시 있다.

나쁜 습관을 버리는 것도, 좋은 습관을 새로 들이는 것도, 지속하다 보면 괴로움이 찾아온다. 그러나 언제나 하지 않고 후회하는 것보다 하는 편이 훨씬 나았다. 실패를 모으면 언젠가 습관 자체가 보상을 주는 날이 온다. 하지 않으면 어차피 똑같이 후회하고 자기부정만 커진다. 그러니 조금이라도 좋다고 생각하는 쪽을 선택하자.

STEP 43

조금씩 수준을 올린다

천재는 참으로 편리한 말이네요.
천재라고 말하면, 노력도 하지 않고 타고난 것만으로
성공한 사람처럼 생각되잖아요.
- 후쿠하라 아이, 탁구선수

아침 일찍 일어나서 요가를 하거나 운동을 하면서 느끼는 성취감이나 상쾌함이 매일 지속되다가 어느 순간에는 옅어지는 느낌이 들기도 한다.

지나치게 어려운 수준으로 습관을 설정하면 뇌가 괴로운 일이라고 인식하기 때문에 지속할 수가 없다. 지나치게 쉬워도 문제다. 성취감이나 만족감이 없기 때문에 금세 싫증 난다. 적당히 부하가 걸려야 코르티솔이 적절히 분비되어 만족감도 생기는 법. 스트레스가 없으면 기쁨도 없다.

헬스장의 트레이너에게 언제 근력운동의 강도를 올리면 좋은지 질문한 적이 있는데, 들어 올리는 무게가 가벼워질 때라고 했다. 자동차 운전도 언젠가는 무의식적으로 콧노래를 부르며 하게 된다. 달리기도 예전에는 숨이 차서 부담스러운 속도였는데, 어느새 다른 일을 생각하면서 달리게 된다. 어려웠던 일이 간단해지고 보람을 느끼지 못한다면 그때가 난이도를 조절해야 할 때다.

심리학자 미하이 칙센트미하이Mihaly Csikszentmihalyi는 사람이 시간을 잊을 정도로 무언가에 열중해서 충만함을 느끼는 상태를 '몰입Flow'이라고 했다. 지나치게 어렵지도, 쉽지도 않은 적절한 난이도에 도전할 때 우리는 몰입할 수 있다. 글을 쓸 때 나는 논리적으로 잘 이어지지 않거나 전문적이고 복잡한 내용을 쓸 때 집중력이 금세 흐트러진다. 반대로 내가 실제로 경험한 것이나 잘 아는 내용은 시간을 잊고 몰입할 수 있다.

성장에 필요한 의도적인 연습

물론 갑자기 레벨을 올리면 지속할 수가 없다. 그래서 조금씩 수준을 올려가는 것이 좋다. 아침에 1시간 일찍 일어나고 싶다면 알람을 매일 5분씩 빠르게 한다. 어제보다 1시간 일찍 일어나는 것은 어려워도 5분이라면 그리 어렵지 않다. 매일 5분씩 일찍 일어나기를 12일 동안 지속한다면 1시간을 당길 수 있다. 나도 러닝머신에서 달릴 때 1분씩 시간을 늘리거나 시속 0.1km씩 속도를 올려본다. 이렇게 수준을 조금씩 올리면 좌절하지 않고 성장해갈 수 있다.

야구선수 이치로는 타구 하나마다 과제를 정했다고 한다. 그래서 안타를 쳤다고 해도 자신이 세운 과제를 달성하지 못하면 만족하지 않았다.

농구공을 가지고 슛을 연습한다고 치자. 그저 많이 던진다고 해서 골이 들어가는 것은 아니다. 슛을 한 번 할 때마다 거리는 어떤지, 좌우로 어떻게 흔들렸는지, 손목의 회전은 어떠했는지 등을 의식하고 미세하게 조정해나가야 한다. 이처럼 가설을 세우면서 수정을 거듭하는 것을 '의도적인 연습'이라고 부른다.

어떤 일이 습관이 되어 쉬워지면 같은 수준으로 막연히 지속하기도 한다. 그러나 도파민은 새로움을 느낄 때 나오고 뉴런의 결합은 쾌적한 영역을 넘었을 때 생겨난다고 한다. 그래서 항상 같은 수준으로 반복하면 성장에 필요한 자극을 얻지 못한다. 요가를 할 때 고통스러워도 평소보다 다리를 더 뻗어야 성장할 수 있다. 일을 관두고 싶은 지점에서 조금 더 참고 분발해야 그것이 성장으로 이어진다. 딱 한 걸음만 앞으로 나아가보면 이전에는 전혀 몰랐던 성장의 가능성이 나타난다.

STEP 44

시련의 골짜기를 건넌다

훌륭하게 수행한 일의 보상은, '훌륭하게 수행했다.'는 것이다.
- 볼테르

아무리 습관이 들었다고 해도 도무지 마음이 내키지 않을 때가 있다. 그럴 때는 어떻게 해야 할까? 방법은 형태라도 유지하는 것이다.

《습관의 재발견》의 스티븐 기즈는 습관이 되었다고 해도 결코 목표를 높이지 말라고 권한다. 팔굽혀펴기를 100번 할 수 있게 되었다고 해도 목표는 1번으로 놔두어도 된다. 일기나 블로그를 쓰는 일이 습관이 되어 매일 1,000자씩 쓸 수 있어도 시작했을 때처럼 목표는 변함없이 100자로 해도 된다. 도무지 기분이 내키지 않는 때도 팔굽혀펴기 1번이나, 100자만 쓰면 목표가 달성되기 때문이다.

여러 번 강조했듯이, 의지력을 갉아먹는 것은 자기부정감이다. 오늘은 손도 대지 못했다, 목표를 달성하지 못했다는 자책감과 자기부정은 다음번 실행을 방해한다. 그래서 형태만이라도 유지하고 자신을 부정하지 않는 것이 중요하다. 설령 오늘은 해낸 일이 얼마 되지 않아도 꾸준히 지속해나가면 된다.

성장만으로는 동기부여가 되지 않는다

습관을 지속하더라도 성장했다는 실감은 자주 찾아오지 않는다. 그래서 성공을 보상으로 여기거나 성장을 동기로 여기면 지속할 수 없다. 요가를 예로 들어보겠다. 처음 2주 정도 요가를 하니 바로 신체가 유연해져서 기분 좋게 지속할 수 있었다. 그러나 조금 지나자 매일 해도 그 이상으로 몸상태가 바뀌지는 않았다. 성장을 느꼈다고 해도 '오늘은 평소보다 발목이 잘 돌아가나?' 하는 정도로 매우 소소했다. 한 달 만에 다리를 찢을 수 있다는 방법을 반년 이상 지속해보았지만, 지금도 전혀 안 된다.

'성장'을 '보상'으로 여기면 이럴 때 포기하고 싶어진다. 그렇게 며칠 동안 요가를 하지 않으면 몸은 금세 굳어지고 무자비한 느낌마저 든다. 영어도 그렇다. '좀 잘 들리네!', '오호, 무슨 말인지 알아듣겠어!' 싶은 날도 찾아오지만, 대개는 성장을 느낄 수 없는 길고 긴 층계참에 놓여 있다. 성장은 정체기와 성장기를 함께 겪는다. 직선으로 우상향하는 게 아니라 계단처럼 내려갔다가 올라갔다가 하며 비뚤비뚤한 선을 그린다. 그래서 성장을 보상으로 삼으면 후퇴했을 때 즉시 관두고 싶어진다.

지속하기 위해서는 성장이 아니라 행위 자체에서 보상을 발견해내야 한다. 오늘도 습관을 지속했다는 자기긍정감을 보상으로 하는 일이 정말로 중요하다.

도무지 성장하는 것이 보이지 않을 때는 번데기의 모습을 상상해보자. 번데기의 겉은 늘 똑같다. 그러나 내부에서는 다음 단계에 대한 준비가 착착 진행되고 있다. 성장의 기쁨은 형편이 좋지 않은 회사의 보너스 같은 것이다. 가끔 받으면 행운이라고 생각하는 정도가 좋다.

STEP 45

자기효능감은 성공할수록 높아진다

인생에서 필요한 것은 무지와 자신감뿐이다. 이것만으로 성공은 틀림없다.
- 마크 트웨인

'STEP 17'에서 뱀공포증을 단계별로 조금씩 나눠 극복하는 방법을 소개했다. 그런데 그 실험에서 뱀의 공포를 극복한 사람은, 흥미롭게도 다른 일에 느끼는 불안도 줄어들었다. 무언가에 열심히 몰두하고, 실패에 직면해도 쉽게 기운이 꺾이지 않았다. 앨버트 반두라는 이것을 '자기효능감'이라고 부른다.

자기효능감은 간단히 말해 '나는 할 수 있다!'라고 생각하는 일이다. 자신이 바뀌고, 성장하고, 배우고, 새로운 난제를 극복할 수 있다는 신념이다. 나는 술을 끊은 후에 단것도 끊었는데, 그때 이렇게 생각했다.

'술을 끊었으니까 단것도 끊을 수 있을 거야!'

이렇게 무언가에 성공하면 다음 성공도 어렵지 않다고 느낀다. 마시멜로를 기다려서 2개 받은 아이들은 4~5세가 되기 전까지 과제를 극복해서 칭찬받은 경험이 더 많았는지도 모른다.

반대로 '나는 할 수 없어.', '나는 무엇을 해도 실패해.'라고 생각하면 최대한 빨리 포기하는 편이 합리적인 판단이 된다. 어차피 이번에도 안 된다고 생각하면 갈등하는 것은 시간낭비일 뿐이다. 그래서 눈앞의 마시멜로를 조금이라도 참아보려고 하지 않고 나오자마자 먹는 편이 좋다고 판단하는 것이다.

월터 미셸은 이렇게 말했다. 성공에 대해 더 커다란 기대를 지니는 아이는 새로운 과제를 부여받아도 그것에 성공한 적이 있는 것처럼 자신감 있게 바로 착수한다. 그들은 실패한다고 생각하지 않으므로 도전에 맞서기를 원하고, 나아가 실패의 위험을 무릅쓴다는 것이다.

무언가를 시작할 때는 '일단 해보는 것'이 중요하다. 그러나 일단 해보려면 지금까지 '일단 해보고' 어떻게든 해결된 경험이 많아야 한다. 실패를 두려워하지 않고, 더 많이 시도해보고 성공할수록, 다음번 새로운 과제를 시작하기가 쉽다는 말이다.

청소에서 시작된 나의 '자기효능감'

나도 비슷한 경험을 했다. 방 안을 치우는 일에서 시작했지만 그것에 만족하지 않았고, 내 생활을 다방면으로 향상시키고 싶었다. 일찍 일어나게 되고, 헬스장에 꾸준히 다니게 되자 처음에는 굉장한 성취감이 있었기 때문에 그 이후로는 만족감이 완만해졌다. 좀 더 부하가 걸리는 일을 원하게 되었다.

좋은 습관 하나를 몸에 붙이면 다른 습관도 익히고 싶어진다. 그럴 때마다 자기효능감이 커지기 때문에, 다른 좋은 습관도 더욱 만들기 쉬워진다. 그래서 모든 면에서 선순환이 시작되는 것이다.

STEP 46

연쇄반응이 일어난다

목표는 항상 우리에게서 뒷걸음질 친다.
– 마하트마 간디

운동이 습관으로 자리 잡고 얼마 후의 일이다. 시골로 이사하자 내 이동수단은 자동차를 타거나 내 다리로 직접 달리는 것뿐이었다. 그래서 오랜만에 길게 걸었을 때 나조차도 놀랄 정도로 걸음이 빨라진 것을 느꼈다. 다리와 허리가 튼튼해진 듯했다.

걸음이 느린 사람은 우울증에 걸릴 확률이 높고, 여러 신체기능과 인지기능이 저하될 수도 있다고 한다. 그런데 원인과 결과가 바뀐 것 아닐까, 우울해서 걸음이 느려진 게 아닐까? 몸이 가볍고 의욕이 있으면 시원스럽게 걸을 수 있는 것 아닐까?

신체를 단련하면 일상은 정말 편해진다. 계단을 오를 때 거의 힘이 들지 않는다. 몸이 한결 가벼워서 일부러 혼잡한 에스컬레이터를 탈 필요가 없다. 그래서 몸이 더욱 튼튼해진다.

이미 자리 잡은 습관이 보상이 된다

새로운 습관을 만들기 시작하는 시기에는 차이가 있기 때문에 여러 가지를 하다 보면 더 빨리 즐거움을 느끼는 어떤 것도 있다. 나는 일기쓰기가 그랬다. 일기쓰기는 괴롭지 않았다. 부정적인 기분도 일기에 쏟아내면 바로 사라진다. 그래서 나에게 일기쓰기는 기분전환이자 보상이다.

달리기도 마찬가지다. 이전에는 '달리기를 하면 보상으로 맛있는 음식을 먹자.'라고 생각했는데, 어느새 '이 일이 끝나면 얼른 달리기를 하러 가자.'라고 생각한다. 예전에는 과제였던 습관이 어느새 자신에게 빠질 수 없는 보상으로 뒤바뀐 것이다.

나는 스트레스를 받을 때 그 일을 일기에 쓰고 나면 기분이 가벼워진다. 기분이 안 좋을 때도 달리기를 하면 확실히 기분이 달라진다. 그러면 과거에 스트레스를 해소하기 위해 해왔던 폭음, 폭식, 충동구매 등이 필요 없어진다. 이렇게 습관의 선순환이 이어진다. 그 모습은 다른 사람에게 "저 사람은 자제력이 강해.", "의지가 대단하네."라는 식으로 비칠 뿐이다.

STEP 47

다양한 상황에 응용한다

우리의 생활은 '습관의 집합'에 지나지 않는다.
- 윌리엄 제임스

이 책에서 설명한 '습관 만들기' 방법은 다양한 상황에 도움이 된다. 예를 들어 나는 빨리 먹는 버릇이 있어서 고치고 싶었지만, 쉽지 않았다. 특히 여성과 함께 밥을 먹는 자리에서는 의식하지 않으면 상당히 차이가 벌어지고 말았다.

식욕을 억제하기 위해서는 천천히 먹어야 하고, 그러면 소화도 더 잘될 것이다. 천천히 먹는 일이 좋다는 것은 알고 있었지만 그래도 실천은 쉽지 않았다. 습관형성에 필요한 벌칙과 보상을 응용하기로 했다. 그래서 '점심 도시락을 먹는 동안에만 휴식한다.'는 규칙을 만들어보았다. 도시락을 빨리 먹어버리면 그 만큼 휴식시간이 줄어드는 '벌칙'이면서, 반대로 천천히 먹으면 그동안은 안정적으로 휴식할 수 있는 '보상'이기도 하다. 이 규칙은 절대

적이지는 않았지만 어느 정도 효과를 발휘했다.

미국에서 실행한 조사에 따르면 처방약을 받고도 먹지 않은 환자가 55%나 된다고 한다. 약효라는 보상을 본인이 알아차리기는 어렵다. 그래서 약을 먹는 일은 잘 잊어버린다. 약을 잊지 않고 먹으려면 앞에서도 밝혔듯이 매일 하는 행동을 신호로 만드는 것이 바람직하다. 매일 헤어드라이어를 쓰거나 양치질을 한다면 그 옆에 놓아두기만 해도 잊지 않고 약을 챙겨 먹을 수 있다.

식사의 습관, 씀씀이의 습관

나에게는 식사도 습관이다. 세끼를 손수 짓고, 메뉴는 거의 바뀌지 않는다. 3~4일마다 슈퍼에 가서 같은 물건을 사고 똑같이 조리하는 행동을 반복하고 있다. 이렇게 하면 매일 먹는 양이 일정해진다. 실수로 너무 많이 요리해서 아까운 마음에 먹어치우는 일이 없다. 맛있는 외식도 물론 즐거운 일이지만, 안정된 식생활은 쉽게 살이 찌지 않는다는 장점도 있다.

예를 들어 씀씀이처럼 중요한 문제에도 습관을 활용할 수 있다. 일본인들은 저축을 선호하는데, 상대적으로 미국인들은 저축을 별로 안 하는 것처럼 보인다. 미국 성인 7,000명을 대상으로 한 조사에 따르면 69%가 저축한 금액이 1,000달러(약 100만 원 - 옮긴이) 이하였다고 한다. 대다수의 미국인들은 65세가 되어 자신의 적은 저축액에 충격 받는다고 한다. 눈앞의 즐거움을 위해 노후를 생각하지 못한 결과다.

이런 때는 장벽을 높이거나 낮추는 일로 행동을 제어할 수 있다. 어느 대기업에서 입사 1년 후에 퇴직연금제도에 가입한 사람의 비율을 살펴보았다. 가입이 옵션(일부러 선택해야 하는 것)인 경우는 40%였지만, 입사와 함께 자동적으로 가입하거나 탈퇴를 위해 별도의 수속이 필요한 경우에는 90%로 올라갔다고 한다. 가입의 장벽을 낮추고 탈퇴의 장벽을 높이기만 해도, 노후자금 준비 같은 커다란 문제를 개선할 수 있다는 것이다.

인간관계에 응용한다

인간관계에도 습관을 적용시켜볼 수 있을까? 다 떨어져 가는 두루마리 휴지를 보면(신호), 다음 사람에게 미루지 않고 교환하고(반복행동), 자신이 집안일을 제대로 처리했다고 느낀다(보상). 이런 습관이 생기면 부부가 쓸데없는 싸움도 하지 않을 것이다.

날짜를 정해서 실천하는 요령도 사실은 여러모로 효과적이다. 나는 벌써 15년 넘게 중학교 동창회에 나가고 있는데, 날짜를 매년 12월 30일로 정해놓았기 때문에 가능했다. 해마다 같은 날에 개최되는 것을 알고 있으니 미리 일정을 맞춰놓을 수 있고 그래서 참석율이 높다.

친구관계에도 적용이 가능하다. 나에게는 가장 친한 친구 3명이 있는데, 우리는 각자의 생일에만 만난다. 날짜가 확실히 정해져 있으니 쉽게 만날 수 있고 그래서 오랫동안 습관이 되었다.

반대로 성가신 상대를 차단하고 싶을 때도 습관 만들기 방법을 응용해볼 수 있다. 받기 싫은 연락이 계속 올 때, 우리는 정 때문에 단호하게 끊지 못하고 나름대로 성의껏 답을 해준다. 그러나 그렇게 하면 상대는 또다시 보상을 기대하고 습관적으로 연락을 해올 것이다. 이러한 프로세스를 안다면 때로는 단호하게 끊을 필요가 있다.

STEP 48

나만 할 수 있는 습관을 만든다

우리가 모두 같은 사고방식을 지닌다고 해도 그것이 가장 좋을 수는 없다.
다른 의견이 있기에 경마도 할 수 있는 것이다.
- 마크 트웨인

야구선수 이치로는 예전에 했던 훈련에 대해 이렇게 회고했다.

"오릭스 합숙소에서 보냈던 18, 19, 20세 시절에는 늦은 밤 2시, 3시까지 수백 개씩 공을 쳤습니다. 지금 돌이켜보면 합리적인 연습은 아니었다고 생각합니다. 하지만 당시에 누군가가 소용없는 짓이라고 해서 그 말을 듣고 그만두었다면, 지금 같은 생각을 했을까요?"

이 책에서 전달하고 싶은 것도 마찬가지다. 내가 술을 끊으려고 한 것은 술의 단점을 머리로 이해했기 때문이 아니라 술 때문에 후회한 경험이 산더미처럼 층층이 쌓였기 때문이다. 그렇게까지 후회해본 적이 없는 사람이라면 술을 끊으려는 발상에 도달하지 않을 것이다. 내가 더 나은 습관을 만들어야겠다고 진심으로 생각한 것은 실컷 빈둥대면서 그것이 괴롭다는 사실을 확실히 알았기 때문이다. 그래서 내가 이 책에 쓴 것이 독자 여러분에게는 내 마음과 똑같이 전해지지 않을 수도 있다. 스스로 실천과 실패를 반복하면서 독창적인 방법론을 습득하기 바란다.

책으로 무언가를 배우려는 것은 실천하기 전에 종종 빠지기 쉬운 함정의 위치를 미리 알고 싶은 마음이 있어서일 것이다. 그러나 함정에 빠졌을 때의 고통은 빠져보지 않으면 알 수 없다. 그 고통이 있으므로 다음에는 함정에 빠지지 않으려고 애쓴다. 이 책은 함정의 위치를 미리 알려주려는 것이 아니다. 아무리 주의해도 몇 번이나 빠지고 마는 비열한 함정에 대해 주의를 환기하고 싶을 뿐이다.

독창적인 스타일을 만들자

나는 평생 스스로를 '저녁형 인간'이라고 믿어왔지만, 습관 만들기를 통해 '아침형 인간'이 되었다. 그래서 하루를 기분 좋게 시작하게 되었다. 아마 웬만한 사람들에게는 괜찮은 습관이 될 것이다. 그러나 일간신문에 4컷 만화 '고보짱'을 오랫동안 연재해온 우에다 마사시의 생활 스타일은 전혀 다르다. 그는 새벽 3시 반에 잠을 자고, 아침 10시 반에 일어난다고 한다. 매일 퀵서비스가 원고를 받으러 15시 반에 오기 때문인데, 그 마감시간에서 따져보면 10시 반에 일어나는 것이 가장 적당하기 때문이라고 한다.

이렇게 자신에게 가장 적절하다는 감각이 중요하다. 내가 실천하는 습관을 따라 해주는 사람이 있으면 분명 기쁠지도 모른다. 그러나 우리는 각자 살고 있는 장소도, 나이도, 성별도 다르다. 씨름선수에게 함께 살을 빼자고 권할 필요는 없다. 사람마다 상황이 다르니 자신에게 딱 맞는 방법을 만들어내기 바란다.

하지만 상황이 달라도 똑같이 필요한 일이 있다. 가령 기록은 누구에게나 필요하다. 어떤 상황(기분, 컨디션, 계절, 바쁜 정도)에서 자신의 습관이 지속되는지, 혹은 지속되지 않는지를 기록해야 한다. 기록하면 똑같이 곤란한 일이 반복될 때 그것을 피하는 방법을 알 수 있다. 이 책을 통해 그런 점을 발견한다면 기쁠 것이다. 습관에는 교본이 없다. 중요한 것은 '스스로 생각하는 일'이기 때문이다.

STEP 49

언젠가 무너질 수도 있다

습관은 놀랄 정도로 강고하면서 동시에 놀랄 정도로 무르다.
- 그레첸 루빈, 작가

명상은 날아간 의식을 호흡으로 되찾는 일이지만, 애써 되찾아도 다시 어디론가 날아간다. 이에 대해 승려 고이케 류노스케는 "말 위에 올라타려고 하면 흔들려서 떨어진다. 그러나 아무리 여러 번 떨어져도 다시 말 위에 타려고 해야 한다."고 했다.

이 말은 습관 전체를 그대로 표현하고 있다. 아무리 습관을 만들려고 해도 우리는 말 위에서 계속 떨어진다. 언젠가 무너질 수도 있다. 중요한 것은 무너진 습관을 계속해서 다시 일으켜 세우는 일이다.

여행지에서 평소와 다른 나날을 보내거나 몸이 아플 때, 며칠 혹은 몇 주간에 쌓아 올린 습관도 무너지게 된다. 그런데 습관이 자리 잡는 동안 어떤 흐름이 만들어졌었는지를 정성껏 기록해두면 이럴 때 참고할 수 있다. 앞에 나온 나의 하루 스케줄이 이것에 해당한다. 자신이 실천했던 방법을 써서 남기면 언제라도 그곳으로 돌아갈 수 있다는 자신감이 생긴다.

사람은 자신이 했던 일도 종종 잊어버린다. 그래서 기록해두어야 떠올릴 수 있다. 기록하면 거기서부터 다시 시작할 수 있다. 게임 '드래곤 퀘스트'는 두 번째 시리즈까지 데이터를 다시 불러올 때 '부활의 주문'을 사용했는데, 우리도 부활의 주문을 직접 기록해서 남겨두는 셈이다. 물론 이 부활의 주문으로 대처하지 못하는 일도 있다. 이사를 가거나 이직을 할 수도 있고, 결혼을 하거나 아이가 태어나면 환경과 함께 이룩한 습관도 바뀔 수밖에 없다. 그러나 습관을 들이는 방법은 그런 상황에서도 큰 도움이 된다. 아이를 위해 아침 일찍 일어나서 배웅을 나가야 할 수도 있고, 가족이 함께 기르기 시작한 개를 산책시키는 습관이 새로 필요할 수도 있다.

습관뿐 아니라 자기 자신도 조금씩 바뀌어간다. 물론 세월도 흘러간다. 생물학 책을 읽지 않아도 우리는 어제의 나와 오늘의 내가 조금 다르다는 사실을 안다. 그래서 그때그때 자신에게 알맞은 습관을 만들기 위해 계속 조절해야 한다.

바꿔서 안 된다면 또 바꾸면 된다

작가 니콜슨 베이커는 새로운 작품에 몰두할 때마다 조금 다른 방식을 시도했다고 한다. 예를 들면 이런 것이다.

"이제부터는 샌들을 신고, 베란다에서 오후 4시부터 글을 쓰도록 하자."

이렇게 습관에 신선함을 유지했다. 내가 여기에 쓴 습관도 임시라고 할 수 있다. 싫증 나지 않도록 변화시키고 조금씩 조정할 것이다. 습관을 바꾸는 일에 참고할 만한 것이 우메하라 다이고의 말이다.

"나를 변화시키는 요령은 그 방법으로 결과가 좋은지 아닌지 생각하지 않는 것이다. 만약 안 좋아진다면 그것을 깨달았을 때 또 바꾸면 된다."

바꿔서 안 된다면 또 바꾸면 된다. 습관을 지속한다는 것은 자신이 만들어낸 습관을 고집스럽게 지키는 일과는 다르다.

STEP 50

습관에 완성은 없다

산다는 것은 '어떻게 살아야 하는지'를 계속해서 배우는 일이다.
- 세네카

내가 미니멀리스트의 삶을 실천하면서 착각한 것 하나는, 그것이 어느 시점에서 완성된다고 생각했던 것이다. 불필요한 물건을 다 처분했을 때 그것으로 물건 고민에서 해방된다고 생각했던 적이 있었다.

스티브 잡스처럼 평생 입고 싶은 옷을 찾으면 편할 것 같았다. '평생 하얀 셔츠만 입으면 좋겠다. 고민할 것도 없고 엄청 편할 거야!'라고 생각한 적도 있는데, 도쿄에서 시골로 이사하자 쉽게 더러워지는 하얀 셔츠는 거의 입을 일이 없었다.

그렇게 내 흥미에 따라서 새로운 물건이 필요해지기도 하고, 처분하는 물건이 생기기도 한다. 완성되지 않기에 다시 처분하는 기쁨도 느낄 수 있다. 현재는 새롭게 들이고 싶은 습관이 더는 없다. 그렇다고 해서 습관이 완성된 것은 아니다. 새로운 습관이 몸에 붙었다고 해도 더 어려운 과제에 도전하고 싶어지기 때문이다.

습관이란 계속 습관을 들이려고 하는 일

사람은 어떤 과제가 없어도 무리해서 과제를 끌고 온다. 평온한 생활 속에서도 어떤 불만이나 과제를 잇달아 만들어내고, 그것을 극복해야 하는 슬픈 존재다. 그러나 그 과제를 극복하는 일 속에 보상이 있다. 과제는 끝이 없다. 그것은 오히려 기뻐야 할 일 아닐까? 습관을 만드는 것은 습관을 완성시키는 일과는 다르다. 습관에 완성은 없다. 습관이란 계속 습관을 들이려고 하는 일이기 때문이다.

4장

우리는
습관으로 이루어져 있다

WE ARE MADE OF HABITS

노력의 정체

아버지는 기르던 고양이를 보며 자주 "너는 좋겠다."라고 말을 거셨다. 잠만 자면서 느긋하게 살아가는 고양이가 나 역시 부러울 때가 있다. 새는 태어나면서부터 노래를 하고, 배우지 않아도 구애의 춤을 추는데, 인간은 악기를 다루거나 춤을 배우기 위해 노력해야 한다. 어째서 인간만이 노력을 해야 할까?

나는 예전에 인생이 '고통 참기 대회' 같다고 생각했다. 노력이라는 고통을 참아낸 몇몇의 사람만 승리해서 좋은 술에 취할 수 있다. 그러나 지금까지 살펴본 바에 의하면 아무래도 노력의 실체는 그런 것들과 무관한 듯하다.

이제까지 습관에 대해 알아봤다면 노력과 재능의 정체를 탐구

할 실마리도 함께 손에 넣었을 것이다. 물론 그 모든 것을 명백하게 밝힐 수는 없겠지만, 큰 틀을 스케치하는 것은 가능하지 않을까? 그리고 그것은 평상시에 생각했던 의미와는 좀 다를 것이다.

이치로는 노력하지 않았나?

먼저 노력에 대해 생각해보자. '뼈를 깎는'이라는 수식어가 붙을 정도로 노력이라는 말에는 '고통을 참는다.'는 뉘앙스가 따라다니는데, 정말 그럴까? 예를 들어 이치로는 어린 시절부터 누구보다도 열심히 연습했다. 초등학교 6학년 때 그는 이미 '365일 중 360일은 혹독한 연습을 하고 있습니다.'라고 썼다. 오릭스에 몸담았던 시절에 그는, 다른 선수들이 20~30분 동안 하는 타격 연습을 2~3시간 했다. 오기 아키라 감독은 이치로가 열심히 연습하는 모습을 보고 "저렇게 연습하면 잘 칠 수 있다. 일반적인 선수는 저런 연습이 불가능하겠지만."이라고 말했다.

이치로는 메이저리그에서 활약하는 지금까지도 다른 선수가 쉬는 비시즌에 홀로 구장에 나와 연습한다. 시합에 나오지 않은 시즌도 있었지만, 연습은 계속한다고 한다. 힘든 노력처럼 보이지만 이치로는 항상 "노력은 하지 않는다."라고 말했다.

"나는 좋아하는 일을 마음껏 하고 있을 뿐입니다."

무라카미 하루키는 어느 인터뷰에서 이런 말을 했다.

"요컨대 일이든, 일이 아니든 나는 좋아하는 일을 마음껏 하고 있을 뿐입니다. 자제심이 강한 것이 아닙니다. 싫어하는 일은 거의 하지 않아요. 좋아하는 일에 다소 노력을 기울이는 정도. 그런 건 대수롭지 않은 일입니다."

무시무시한 노력을 거듭할 것처럼 보이는 사람이 노력을 하지 않는다거나 자신이 하고 있는 노력이 대수롭지 않은 일이라고 말한다. 나는 줄곧 이런 말이 일류 선수나 작가가 아니고서는 할 수 없는 겸손이라고 생각했다. 물론 그 노력을 쉬운 것이라고 생각한 것은 아니었지만, 이제 그 의미가 조금 이해된다. 혼란의 원인은 '노력'이라는 말이 2가지 의미로 사용되기 때문이다.

노력과 인내는 다르다

노력이라는 말에 포함된 2가지 의미, 나는 이것을 본래의 노력과 인내로 나누어 생각한다. 차이는 다음과 같다.

• 노력 : 지불한 대가에 대한 합당한 보상이 확실한 것
• 인내 : 지불한 대가에 대한 합당한 보상이 없는 것

우리 사회에서 특히 강요되는 것은 인내다. 예를 들어 '회사에서 일하는 것'은 '급여'라는 보상을 받는 일이다. 그러나 그 보상을 받기 위해 사람은 다양한 대가를 지불하고 있다. 대표적으로 '시간'이 있다. 그 외에도 다양한 대가가 있다.

• 출근시간이나 퇴근시간을 스스로 정할 수 없다.
• 싫은 상사나 거래처, 고객을 응대해야만 한다.
• 피로가 쌓였거나, 육아를 해야 해도 휴가를 내기 어렵다.
• 재량권이 없고 시키는 일만 해야 한다.

물론 일을 해서 받는 보상은 급여 외에도 이러한 것들이 있다.

• 동료나 상사로부터 칭찬받고 인정받는다.
• 팀원들과 함께 목표를 달성했을 때 일체감과 소속감을 느낀다.
• 자신의 업무가 누군가에게 도움이 된다는 생각에 뿌듯하다.

그러나 만약, 매일 회사에 가고 싶지 않은데도 불구하고 다니고 있다면 그것은 이미 인내다. 지불하는 대가에 대한 합당한 보상이 있으면 사람은 스스로 나아간다. 지불하는 대가가 보상보다 클 때 사람은 그 일을 하고 싶지 않다고 생각한다.

스스로 선택했는가?

노력과 인내는 받는 보상과 지불하는 대가 외에도 '자발적 선택'이라는 기준으로 나뉜다. 앞에 나온 래디시 실험에서 래디시(무)밖에 먹지 못했던 학생들은 의지력이 떨어진 것처럼 보였다. 그러나 그것을 이런 식으로 해석할 수도 있다. 눈앞에는 초콜릿 쿠키가 있었지만, 누군가에게 금지당한 것이 아니라 스스로 래디시를 먹겠다고 선택했다면 의지력은 떨어지지 않았을 것이다. 애초에 누군가에게 '이렇게 해서는 안 된다.'고 금지당하거나 '이렇게 하라.'고 명령받는 일, 자신에게 선택권이 없는 일 자체가 스트레스를 준다.

이런 실험도 있다. 2마리의 쥐를 각각 다른 케이지에 넣은 뒤 전기충격을 주었다. 2마리 중 1마리만이 레버를 누를 수 있고, 그것을 누르면 2마리 모두 전기충격에서 벗어날 수 있다. 결과적으로 레버가 없는 쥐만이 만성적인 스트레스 징후를 보였고 체중 감소, 궤양, 암의 발생률까지 증가했다. 전기충격을 받은 시간은 2마리 모두 같았지만, 레버를 누를 수 있었던 쥐, 자신에게 전기충격을 피할 수 있는 결정권이 있다고 느낀 쥐는 스트레스가 적었다.

스스로 하고 싶어서 선택한 일을 하기 위해 참는 것이 노력이다. 스스로 택하지 않았고, 하고 싶지도 않은 일을 참고 하는 것은 인내다. 습관이 지속되는 이유는 그 일을 스스로 선택했기 때문이다. 좋아하는 일을 계속할 수 있는 이유는 설령 그곳에 어떤 괴로움이 있더라도 스스로 그 일을 선택했기 때문이다.

습관에도 인내의 단계가 있다

인내는 정상도 내리막도 없이 오르막만 있는 산을 끝없이 올라가는 일이다. 노력은 그렇지 않다. 물론 곳곳에 오르막이 있어서 힘들지만, 정상에 서면 성취감이 있고, 내리막도 상쾌하다. 노력은 열심히 했을 때, 그에 대한 합당한 보상이 있다.

습관에도 처음에는 인내의 시기가 있다. 처음에는 그저 괴롭거나 몸이 힘들어서 지불하는 대가가 크다. 그래서 작심삼일이

인내와 노력의 차이

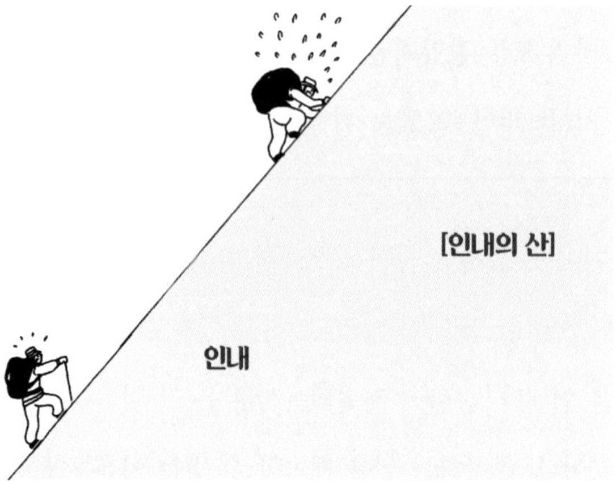

인내에는 오르막만 있고 지불한 대가에 대한 합당한 보상이 없다.

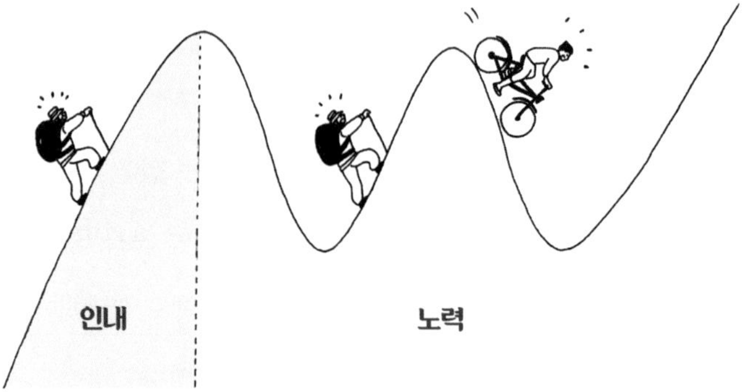

노력에는 '산꼭대기에 서는 성취감'이나 '내리막의 상쾌함'이라는 보상이 있다. 다만 처음 습관을 만드는 과정에는 인내의 단계가 있다.

된다. 그 인내의 시기를 극복하는 방법을 3장에서 설명했다. 인내의 시기만 돌파하면 노력의 영역이 기다리고 있다. 여기에 도달하면 습관은 괴로움만 주는 행위가 아닌, 많은 보상을 주는 행위가 된다.

자기 기준의 노력을 하면 된다

때로는 타인의 노력이 너무 대단해 보인다. 이를 악물고, 괴성을 지르면서 100kg의 바벨을 들어 올리는 사람을 보면 내 노력이 부족해 보인다. 그러나 난생처음 헬스장에 와서 20kg의 바벨을 들어 올리는 사람이 있다면, 나는 그 사람의 노력이 헬스장이 익숙한 사람의 노력 그 이상이라고 생각한다. 자신이 얼마만큼 노력하고 있는지 알기 쉬운 기준으로 심박수가 있다.

《운동화 신은 뇌》에 이와 관련된 에피소드가 소개되어 있는데, 내가 굉장히 좋아하는 이야기이기도 하다. 중학교 체육교사 필 롤러는 체육수업에서 심박수를 측정하기로 했다. 그리고 어느 날, 운동이 서투른 11세 여자아이에게 심박계를 붙여 달리게 했다. 운동이 서툴렀기 때문에 기록은 역시 좋지 않았을 것이다. 그러나 기록이 아닌 심박수를 볼 때, 이야기는 완전히 달라진다. 일반적으로 심박수의 최대치는 이론상 220에서 자신의 나이를 뺀 값이다. 그리고 아이의 기록을 본 롤러는 순간 자신의 눈을 의심했다. 그 아이의 평균 심박수가 187을 기록했기 때문이다. 11세의 최대 심박수는 대략 209다. 그런데 그 아이가 골인한 순간에는 207까지 올라갔다. 즉, 그 아이는 거의 전속력으로 달렸다는 뜻이다. 롤러는 그때의 일을 돌이켜보며 이런 식으로 말했다.

"'아니, 이럴 수가! 거짓말이지?' 저도 모르게 그렇게 말했습니다. 평소라면 그 아이의 곁에 가서 좀 더 진지하게 달려야 한다고 주의를 주었을 것입니다. 다시 생각해보면 교사가 칭찬하지 않아서 운동을 싫어하게 된 학생이 얼마나 많을까요? 실제로 체육수업에서 그 아이는 누구보다도 열심히 하고 있었어요."

달리기 기록이 빠른 것과 자신이 최선을 다하는 것은 별개다. 이 이야기는 몇 번을 읽어도 눈물이 난다. 운동이 서툰 그 여자아이는 가슴이 터질 듯한 상태로 누구보다 열심히 노력했던 것이다.

천재는 재능이 없는 사람

습관에 대해 연구하면서 나는 재능에 대해 다르게 생각하게 되었다. 예전에는 재능이 선천적으로 주어지는 것이라고 믿었다.

유전과 밀접하게 연관되어 타고나는 재능은 이미 정해져 있어, 그것이 있는 사람과 없는 사람이 있다고 믿었다. 나는 재능이 없는 사람으로 태어났다고 느꼈으므로 매우 불공평하다고 생각했다.

그러나 누가 봐도 천부적인 재능을 가진 듯한 사람이 누군가에게 재능이 없다는 말을 듣거나, 스스로가 그렇게 공언하기도 한다. 한 금메달리스트는 코치에게 "너는 소질이 없기 때문에 트레이닝을 세계 최고로 해야 한다."라는 말을 항상 들었다고 한다.

아무리 생각해도 금메달리스트가 되려면 소질이 필요하고, 천재여야 하지 않을까? 이 책의 머리말에서 언급했던 사카구치 교헤이라는 작가도 이런 식으로 말했다.

"나에게 타고난 재능이 있기 때문에 내가 다른 사람과는 다르다고 말한 사람도 있었지만, 10년 전에는 재능이 없으니 그만두라는 말을 들었어요. 무언가를 지속한다는 건 정말 대단하지요?"

무라카미 하루키도 29세가 될 때까지는 평생 취미를 즐길 수 있으면 된다고 생각했다. 독서를 하고, 음악을 듣고, 고양이를 기를 수만 있으면 된다고. 그는 한 인터뷰에서 "내가 어떤 창조적인 일을 할 수 있을 것이라고는 당시 전혀 생각하지 못했습니다. 그런 재능은 나에게 없다고 생각했으니까요."라고 답했다.

재능은 희귀한 것이 아니다

찰스 다윈은 자서전에서 자신에게 직감적인 이해력과 기억력이 없다며 한탄했다. 아인슈타인도 자신은 특별히 머리가 좋은 것이 아니라, 그저 문제를 더 오래 붙들고 있었을 뿐이라고 말했다. 다윈과 아인슈타인이 천재가 아니라면 누구를 천재라고 말할 수 있을까?

다윈은 자신에게 일반적인 사람보다 뛰어난 점이 있다면, 자연과학에 대한 한없는 열정이라고 말했다. 아인슈타인 역시 자신이 그저 열정적이고 호기심이 왕성할 뿐이라고 했다.

두 사람 모두 자신이 특별히 우수하다고 생각하지 않았다. 그러나 그들에게는 아무리 퍼내도 마르지 않는 열정이 있었다. 그래서 그들은 어려운 문제에 오랫동안 몰두할 수 있었다. 우수함보다도 지속하는 것이 중요하다고 말하는 것이다. 그렇다면 재능은 주어지는 것이 아니라, 본래 없다가 나중에 생기는 것일까?

앤슨 도랜스는 미국의 여자축구 역사상 최다승리를 기록한 코치로, 31년간 22번의 전국 우승을 달성했는데, 재능에 대해 이렇게 말했다.

"재능은 희귀한 것이 아니다. 위대한 선수가 되는 것은 재능을 펼치기 위해 어디까지 노력할 수 있느냐에 달려 있다."

자신의 팀이 화려한 성적을 거둔 것은 자신에게 선수의 재능을 간파하고 스카우트하는 힘이 있었기 때문이 아니라 '들어온 선수를 잘 길러냈기 때문'이라고 그는 단언했다. 앞서 우수한 수영선수를 오랜 기간에 걸쳐 연구한 사회학자 다니엘 챔블리스는 논문에 다음과 같이 썼다.

- 최고의 퍼포먼스는 무수의 작은 기술과 행동을 쌓아 올린 결과물이다.
- 선수들은 특별한 일이나 초인적인 일을 하는 것이 아니다.
- 지속적인 반복으로 탁월한 수준에 도달했다.

이 논문이 말하는 것은 지극히 당연한 이야기로, 꾸준히 해서 승리를 거두었다는 말이다. 지나치게 당연해서 이 논문은 좋지 않은 평가를 받았다고 한다.

사람들은 좀 더 자극적인 내용을 기대한다. 사람들은 '모든 것은 유전자가 결정한다!', '천재는 3세 이전에 받은 교육으로 정해진다!' 같은 이야기를 좋아한다. 그러나 진실은 평범하다. 그저 습관을 꾸준히 유지하는 것이 재능을 만드는 비결이다. 천재들이 자신에게 재능이 없다거나, 자신이 평범하다고 말하는 것은 천재적인 순간에 도달하기까지의 과정이 그야말로 평범하기 때문인 것 아닐까?

그러나 우리가 동경하는 것은 언제나 천재들의 이야기다. 피겨스케이팅선수 하뉴 유즈루나 체조선수 우치무라 고헤이의 완벽한 연기를 4년에 한 번 보면, 그들이 자신과는 차원이 다른 천재처럼 보이며, 그 훌륭함에 열광하고 도취되어 일체감을 느끼고 싶어진다. 《그릿》의 저자 앤절라 더크워스Angela Duckworth는 이런 경향을 보며 니체의 말을 소개했다.

"아주 완벽한 것을 봤을 때, 우리는 어떻게 하면 저렇게 될 수 있을지는 생각하지 않는다. 천재를 신이 빚은 존재라고 생각하면, 천재와 비교해서 열등감을 느낄 필요가 없기 때문이다. 누군가를 초인적이라고 말하는 것은 그 사람과 경쟁해도 소용이 없다는 의미다."

이런 식으로 '재능'과 '천재'라는 말은 누군가를 칭찬하기 위한 것이 아닌, 그 사람들을 자신과 분리해서 생각하기 위한 말로 사용되는 경우가 많지 않을까?

사람은 자신이 가는 노력의 길에 재능이 이어져 있다고 생각하지 못한다. 자신이 상대할 수 없는 능력을 목격했을 때, 그것이 자신의 힘이 닿지 않는 곳에서 발생했다고 생각해야 마음이 편하기 때문이다.

덧셈의 재능, 곱셈의 재능

그렇다면 노력만 지속한다고 누구라도 천재들과 같아질 수 있느냐, 물론 그렇지 않다. 인내와 노력을 나누어 생각했듯이 나는 재능이라는 말 역시 본래 '재능'의 의미와 '센스'의 의미로 나누어 사용한다.

덧셈의 재능과 곱셈의 재능이 있다. 같은 경험을 한다고 하더라도 그것을 덧셈만으로 쌓아 올리는 사람이 있고, 곱셈으로 재빨리 결과에 도달하는 사람이 있다는 것이다. 이 차이가 '센스'다. 내가 생각하는 센스와 재능의 차이는 다음과 같다.

- 센스 : 습득하는 속도
- 재능 : 지속해서 습득한 기술과 능력

가령 어학을 바로 습득하는 사람에게는 센스가 있다고 말한다. 센스가 있으면 들인 노력에 비해 성장하는 속도가 빠르다. 그러나 센스가 없어도 포기하지 않고 지속해가면 덧셈으로도 언젠가 같은 기술과 능력, 즉 재능에 도달할 수 있지 않을까?

재능이 없는 것이 아니라 멈추었을 뿐이다

미술수업에서 "너는 그림을 참 잘 그리는구나."라고 칭찬받은 아이가 있다고 하자. 그 아이는 그림을 그리면 칭찬이라는 보상을 받기 때문에 기쁜 마음으로 또 그린다. 수업 중에도 노트에 온통 그림을 그린다. '나는 할 수 있다.'라는 자기효능감이 생겨났기 때문에 직접 연재만화를 그려서 반 친구들에게 보여줄 수도 있다. 그 연재만화로 아이는 다시 칭찬받기 때문에 또 그림을 그린다. 아이는 그림을 그릴 기회 자체가 많아져 한층 능숙해진다.

시간이 지나고 그 아이는 미대에 들어가고 싶어졌다. 그러나 아이는 자기 수준으로 그림을 그리는 사람이 세상에 많다는 사실에 충격을 받는다. 칭찬받을 일도 별로 없다. 보상을 얻을 수 없으므로 그림을 그릴 기회가 줄어든다. 그리고 아이는 "나는 재능이 없었구나."라고 말한다.

지속만 한다면, 덧셈밖에 할 수 없는 센스라 해도 재능은 누적된다. 그러나 사람들은 자신보다 더 센스 있는 사람이 어떤 일을 습득하는 속도를 보며 자신이 하고 있는 일이 바보 같다고 느끼고는 그만둔다. 재능이 없다기보다 단순히 지속하기를 포기했기 때문에 재능이 그곳에서 멈추었을 뿐이다.

포기는 '분명히 하는 일'

물론 모든 사람이 전문가가 되거나 일류가 될 수는 없다. 한계는 어딘가에 분명히 있다. 윌리엄 제임스는 이것이 '나무가 하늘까지 자라지 않는 것'과 같다고 말했다.

육상선수 다메스에 다이는 100m 달리기에서 메달을 땄지만, 자신의 신체조건을 감안해서 400m 허들로 종목을 변경했다고 한다. 누구에게나 바꿀 수 없는 조건이 있다. 그래서 다메스에 다이는 100m 달리기를 포기했다. 그러나 포기하는 것은 '분명히 하는 일'이라고 말했다. 단순히 포기하는 것이 아니라 '자신의 한계를 분명히 하는 일'이다.

나 역시 내 한계를 분명히 알고 싶고, 내 분수를 알고 싶다. 그래서 깨끗하게 포기하는 것은 '분명히 하는 일'이 된다. 병을 예로 들어보겠다. 나는 지금 잠을 충분히 자고, 손수 밥을 지어 현미와 채소를 먹으며, 매일 운동도 한다. 술, 담배도 하지 않는다. 건강검진의 문진표를 작성한다면 전부 'A'일 것이며, 더는 건강에 신경 쓸 것이 없다.

그러나 나는 언젠가 병에 걸릴지도 모른다. 그때 나는 그것을 흔쾌히 받아들일 수 있을 것이다. 할 수 있는 일을 전부 했으니까 말이다. 그 병은 나에게 '준비할 수 있는 한계'이다.

'재능'을 화젯거리 삼지 마라

어린아이가 양복단추를 채우려고 한다고 해보자. 며칠 동안 도전해도 할 수 없다. 그럴 때 아이가 "나는 단추 채우기에 재능이 없어!"라고 말한다면 어떨까? 세수, 양치 등의 행동을 무난히 해내는 어른을 보고 "천재다!"라고 말한다면 어떨까?

우리는 무심코 이와 비슷한 일을 하고 있다. 한계보다 훨씬 전에, 어디까지 발전할지 알 수도 없는데, 재능이라는 말로 도전을 포기한다. 재능이 없어서 포기한다고 말한다.

사람마다 센스와 한계에 차이가 있을 것이다. 그러나 그것은 습관을 지속한 뒤, 훨씬 나중에 생각해도 된다. 재능을 평소의 화젯거리로 삼을 필요가 전혀 없다.

재능은 주어진 것이 아니라 지속한 끝에 만들어지는 것이다. 그렇다면 부모에게 물려받은 유전자는 전혀 관여하지 않을까? 물론 영향은 있을 것이다. 예를 들어 뮤지컬 배우 오자와 겐지의 집안은 어마어마하다. 본인은 도쿄 대학을 졸업했고 아버지는 독일 문학자, 어머니는 심리학자, 숙부는 지휘자 오자와 세이지이며, 그 밖의 친척들 중에도 유명인이 많다. 이런 예를 보면, 재능이 선천적인 것으로 보인다. 물론 어느 정도는 그렇다고 할 수 있다.

그러나 집안에 어느 분야의 전문가가 있다면 아이가 그쪽으로 진로를 정했을 때, 다른 가정보다 반대가 덜할 것이다. 이런 가정환경은 '나도 할 수 있다.'는 자기효능감에 영향을 미친다. 하지만 유전자 검사로는 측정할 수 없다.

의지력이 무한하다고 생각해버리기

사람을 결정하는 것은 유전인가, 환경인가? 오랫동안 논의되어온 이 복잡한 문제는 거의 답을 찾았다. 캐나다의 심리학자 도널드 올딩 헤브Donald Olding Hebb는 그것이 유전인지, 환경인지를 묻는 말에 "그것은 직사각형의 크기를 정하는 것이 세로변의 길이와 가로변의 길이 중 어느 쪽인지 묻는 것과 같다."라고 답했다. 그리고 또 월터 미셸은 이렇게 표현했다.

"우리가 어떤 사람인지는 환경과 유전자가 긴밀하게 얽혀 엮어낸 춤으로 나타나며, 그 춤이 어느 한쪽 때문에 가능하다고 봐서는 안 된다."

남녀가 함께 추는 춤의 아름다움을 둘 중 누가 만들어냈는지 묻는 질문은 의미가 없는 것이다. 스누피는 이렇게 말했다.

"내 손에 들어온 카드로 승부하는 수밖에 없어."

우리가 받은 카드 중에는 센스나 유전자의 영향을 받는 카드가 있을 것이다. 그러나 습관을 통해서 그중 몇 장은 포커처럼 교환할 수 있다.

심리학자 캐롤 드웩Carol Dweck은 중요한 사실을 밝혀냈다. 의지력 실험에서, 무언가를 했을 때 의지력이 줄어든다고 생각한 사람보다 그것이 무한이라고 생각한 사람의 실험성적이 좋았던 것이다. 의지력이 줄어드는지 아닌지는 제쳐놓고, 어쨌든 의지력이 줄어들지 않는다고 생각하는 편이 효과적이라는 것이다.

재능과 유전의 문제도 똑같다. 유전으로 정해지는 요소가 크다고 생각하는 사람보다 바뀔 수 있는 여지가 크다고 믿는 사람이 멀리 도달한다는 것은 의심할 여지가 없다.

만족이 크면 대가도 크다

언젠가 습관을 만들고 실천하다가, '이런 일을 시도하는 것은 내가 욕심이 너무 많기 때문인가?'라고 생각한 적이 있었다. 술도, 단것도 끊은 내 모습을 본 친구가 "네 삶의 방식이, 나는 좀 그래."라고 말했기 때문이다.

심리학자 배리 슈워츠Barry Schwartz는 사람을 2가지 유형으로 나누었다. 지금 듣고 있는 라디오로 만족하는 사람과 계속 채널을 바꿔서 만족할 만한 것을 찾는 사람. 전자는 그럭저럭 만족하는 쪽으로, 쇼핑을 할 때도 적당한 옷을 찾으면 만족한다. 후자는 완벽주의자로 최고로 좋은 것 하나를 원한다. 당연히 옷을 살 때 고생한다.

나는 후자이다. 완벽주의자는 만족할 수 있는 것을 발견하면 기쁘지만, 그것을 위해 지불하는 심리적, 물리적인 대가가 크다. 목표를 추구하다 보면 스스로의 행복이 뒷전으로 밀린다. 나는 해야 할 일을 하지 못했을 때 바로 침울해지는데, 이것도 그러한 성향 때문이다. 이런 사람은 자신에 대한 기대감이 높다.

타인이 봤을 때 특별히 뛰어난 점이 없어도 행복해 보이는 사람이 있다. 그런 사람을 보면 재능과 행복의 문제가 전혀 다른 이야기임을 절실히 느낀다. 그런 사람들에게는 바람직한 습관을 들이라고, 노력하라고 말하지 않아도 될 것이다.

최고의 보상은 '나 자신이 좋아지는 일'

어느 젊은 여배우가 한 말을 잊을 수가 없다. "열심히 하는 자신이 좋아진다."라는 말이었다. 습관을 만드는 일로 얻을 수 있는 보상에는 여러 가지가 있지만, 최고의 보상은 자기긍정감, 즉 자신을 좋아하게 되는 일이 아닐까 싶다.

어느 날 트위터에서 이런 말이 날아들었다.

'대부분의 사람에게 효과적인 목표는 기분 좋은 사람이 되는 일 아닐까요?'

나는 기본적으로 겁이 많고 조용한 사람이지만, 아침에 요가 명상 등을 전부 하고 나면 기분이 들뜬다. 나는 오늘 해야 할 일을 다 했다고 느꼈을 때 기분이 좋아지는 사람인 것이다. 제대로 하고 있어서 기분이 좋으면 타인의 노력도 응원할 수 있다. 또한 하고 싶은 일에 열중할 때는 다른 사람이 무엇을 하든지 별로 신경 쓰지 않는다. 하지만 반대로 내가 제대로 하지 못할 때는 타인을 공격하고 싶어진다.

하고 싶은 일을 못하고, 일이 잘 풀리지 않는다고 생각하는 사람은 타인이 노력한 결과를 대수롭지 않게 말한다. 내가 노력하지 못했으니 남의 노력도 부정하고 싶은 것이다. 이것은 자연스러운 심리적 방어다. 이렇게 생산성 없는 비판이 시작되는 이유는 자기부정이다. 눈물 맺힌 눈으로는 현실이 비뚤어져 보이는 법이다.

누구나 초일류를 목표로 할 필요는 없다

운동선수나 음악가, 학자 등 전 세계의 상위 플레이어들을 연구한 안데르스 에릭슨Anders Ericsson은 초일류 중에서 연습이 즐겁다고 답한 사람이 단 1명도 없다고 말했다. 가령 마라토너들은 2시간의 벽을 돌파하려고 노력하고 있다. 마라톤처럼 확실한 기록으로 승부하는 것은 정말 상상을 초월하는 혹독한 노력이 필요하다.

한계를 뛰어넘는 연습은 결코 편할 수 없다. 그러나 모든 사람이 세계 신기록을 목표로 삼을 필요는 없다. 개개인에게는 자기 안의 심판관이 있기 때문이다.

나는 내가 정한 습관을 달성하지 못했을 때 침울해지므로 나

나름대로 엄한 심판관을 안고 있다고 말할 수 있다. 그러나 설령 일찍 일어나지 못해도, 운동을 하지 못해도, '뭐 괜찮아.'라고 납득하거나 좋은 기분을 유지할 수 있다면 그것도 좋다고 생각한다.

언젠가 고교 시절의 친구를 오랜만에 만났던 적이 있다. 친구는 예전과 달리 살이 엄청 쪄 있었다. 그 친구는 "뭐 어때. 상관없어."라고 말하며 웃었다. 그는 자신의 한계를 명확히 한 상태였던 것이다. 내가 목표로 하는 것이 그와 같은 상태는 아니지만, 내게 필요한 것은 내 친구처럼 스스로 납득하는 일이다.

'살아가는 일'과 '성장'이 결합된 시대에서

인류의 조상들은 성장의 기쁨이 넘치지 않았을까 싶다. 그들이 배워야 하는 것은 사냥감을 좇고, 잡아서 죽이는 기술만이 아니었다. 기후를 읽고, 물을 찾는다. 줄을 엮고, 그릇을 만든다. 자연의 소재로 집을 짓는다. 그림을 그리거나 점을 치기도 한다. 거기에는 평생 배워도 다 배울 수 없는, 놀라움이 있었을 것이다.

수렵생활까지 거슬러 올라가지 않아도, 대부분의 사람이 회사원으로서 일하게 되기 전까지는 그랬다. 백성은 '100가지 일이 가능한 사람'이라는 뜻이다. 살면 살수록 배우는 것이 많았으므로 당연히 연장자가 존경받았다. 그때까지는 살아가는 일이 성장과 직접 연결되어 있었다.

뇌과학자 그레고리 번스에 따르면 도파민이 많이 분비될 때는, 예상외의 무언가를 만나거나 지금까지 해본 적 없는 행동을 할 때, 즉 새로움을 느꼈을 때라고 한다. 도파민이 새로움에 반응하는 것은 환경에 대한 새로운 정보를 손에 넣는 일이 무엇보다 생존을 위해 도움이 되었기 때문이라고 학자들은 추측했다.

심리학자 로버트 화이트Robert White는 이런 주장을 했다. 사람은 자신이 놓인 환경의 정보를 모아서 적응력을 높이고 자신이 무엇을 할 수 있는지를 확인하고 싶은 본능이 있다고 한다.

영화 '캐스트 어웨이'처럼 무인도에서 표류하는 일을 보고 두근거리는 사람이라면 이 본능을 잘 알지 않을까? 화이트는 이 본능을 '컴피턴스competence'라고 불렀다.

이동 생활을 하던 1만 년 전이라면 도파민의 만족감이나 컴피턴스의 본능을 마음껏 느낄 수 있었을 것이다. 정기적으로 집이 바뀌면 그때마다 새로운 환경을 탐색하는 즐거움도 있었을 것이고, 그 환경을 제어해가는 즐거움도 있었을 것이다. 사람들이 호기심이나 성장을 원하는 것은 아마도 이런 본능 때문일 것이다.

'성장'을 의도적으로 원해야 하는 시대로

현대인에게 성장의 기회는 조상들과 달리 의도적으로 원해야 주어지는 것이 되었다. 예전에 나는 먹을 수 있는 잡초를 조사한 적이 있는데, 그 뒤로는 도로변에 돋아나는 풀들을 유심히 보게 되어, 눈에 들어오는 풍경이 바뀌었다. 미장일이나 마루공사 워크숍에 참가했더니 가게를 수리하는 방법에 눈이 갔고, 이동주택을 만들려고 건축에 대해 조금 알아보자 신사를 보는 방식이 바뀌었다. 고무보트로 급류타기를 경험했더니 차를 타고 가며 강을 볼 때도 '저 강은 어떻게 타고 내려갈 수 있을까?'라는 생각을 하게 되었다.

누구나 자신이 관심을 가지는 영역을 늘리면 그 영역으로부터 수신할 수 있는 정보가 늘어나고, 이전과는 다른 세계가 펼쳐진다. 그러나 먹을 수 있는 풀을 구분하거나, 집을 짓거나, 급류를 타는 일은 옛날이라면 살아가기만 해도 자연히 습득할 수 있었던 지식과 체험일 것이다. 현대 사회는 그렇지 않으므로 성장의 기회를 의도적으로 만들어야 한다.

나에게 몸을 움직이는 일도 마찬가지다. 요가를 하면 할수록 몸의 소리를 들을 수 있다. 달리면 달릴수록 내 몸과 사이가 좋아진다. 만약 자기 나름대로 성장의 기회를 개척하지 않는다면 틀에 박힌 즐거움밖에 누릴 수 없다. 유원지도, 스마트폰 게임도 물론 재밌다. 그것은 누구라도 즐길 수 있도록 설계되어 있기 때문이다. 그러나 즐기는 방법이 정해져 있는 일은 언젠가 싫증이 난다. 그래서 언젠가 자기 자신에게도 싫증이 나고 만다.

자신이 아니고서는 안 되는 성장의 기회를 잡아서 습관으로 만들어보자. 자기 자신을 새롭게 느낄 수 있는 일, 그것은 사람의 본능을 채우는 일이다.

행복의 지갑에는 구멍이 뚫려 있다

성장이 필요하다고 생각하는 이유는 그 외에도 있다. 행복은 저금할 수 없다고 생각하기 때문이다. 행복의 지갑 속에는 커다란 구멍이 뚫려 있다.

나의 전작 《나는 단순하게 살기로 했다》는 베스트셀러가 되었고, 20개국이 넘는 국가로 번역되어 수출되었다. 계속해서 많은 부수가 팔렸고, 일본과 해외의 많은 미디어에 언급되었다. 지금까지도 해외에서 자신의 인생이 바뀌었다는, 고마운 마음을 담은 메일이 온다.

다른 사람이 보기에 이것은 큰 성공일 것이다. 완전히 무명이었던 개인에게 일어난 일이니 말이다. 그러나 무언가 달성한다는 것은 눈 깜짝할 새에 하나의 기준점이 되어버린다.

인터뷰에서 같은 내용만을 반복해서 이야기하다 보니 나 자신이 텅 비는 느낌이 들었다. 지난 일기를 들춰보니 책이 팔리고 성공한 직후부터 나는 자주 스스로를 괴롭혔다. 과음을 해서 울적해졌고, 일에서 보람을 느낄 수 없어서 괴로웠다. 행복은 돈과는 다르다. 과거에 저축한 행복 저금을 매일 조금씩 쓰면서 오늘의 자기긍정감을 잡을 수 있는 것이 아니다.

의지력은 직전의 행동에 영향을 받는다. 직전에 무언가를 달성한다면 자기긍정감이 생겨난다. 그래서 매일 만족감을 얻거나 성장하는 보람이 필요하다. 과거의 달성을 자랑하는 일로는 자기긍정감을 얻을 수 없다.

불안은 사라지지 않으니, 함께하는 수밖에 없다

습관을 통해 매일 보람을 느끼자 불안한 마음도 제대로 받아들이게 되었다. 프리랜서에게는 늘 불안이 따라다니게 마련이다. '이대로 일을 계속할 수 있을까?', '저금해놓은 돈이 얼마나 남았지?' 등이 항상 고민이다.

그러나 나는 지금 불안하지 않다. 이런 불안이 엄습해온 시점은 저금해둔 돈이 줄어들었을 때가 아니었다. 보람 있는 일을 하지 못하고 빈둥거리면서 보낸 하루의 끝에 불안이 찾아왔다. 후회를 계기로 불안은 공격을 개시한다.

가령, 체중문제도 마찬가지다. 확실히 운동하고 절제하는 생활을 한다고 해도 다음 날 체중이 늘어날 때가 있다. 그러나 이럴 때 나는 전혀 기운이 꺾이지 않는다는 것을 깨달았다. 해야 할 일을 하고 있다면 결과가 기대에 미치지 못해도 신경 쓰이지 않는다. 기운이 나지 않을 때는 해야 할 일을 하지 않았다는 것을 스스로가 알고 있을 때다.

불안과 고민은 정말로 기분의 문제다. 그것을 파악하는 기분의 문제다. 나는 우울할 때 달린다. 뇌의 혈류를 좋게 하고 도파민과 코르티솔의 도움을 받는다. 그렇게 하면 기분이 좋아지고, 어떻게든 문제를 해결할 수 있다고 생각하게 된다.

고통은 싫지만, 꼭 필요한 신호다. 다리가 골절됐을 때 고통이 느껴지지 않는다면 부상이 악화될 것이다. 피로도 마찬가지다. 오늘 하루를 충실히 보냈으며, 무언가를 달성했음을 가르쳐

주는 신호이다.

불안도 그렇다. 불안이 없다면 사람들은 뒤를 생각하지 않고 무모하게 행동할 것이다. 불안이 있기에 계획도 세울 수 있다. 과도한 불안은 좋지 않지만, 적당한 불안은 자신이 성장할 수 있는 곳에 서 있다는 신호이기도 하다. 사소한 것이라도 매일 실천해 보람을 느낀다면 불안 역시 능숙하게 받아들일 수 있다.

불안은 미래에 대해 느끼는 것이다. 또한 지금을 계속 소중히 여겨야 그다음 미래가 열린다. 하루하루를 만족감으로 쌓아 올린 미래가 이상한 방향으로 나아갈 리 없다.

마음도 습관으로 이루어져 있다

우리 마음도 습관으로 이루어져 있다. 말도 습관인 경우가 많다. 초등학생도 안 되어 보이는 어린아이가 버스에서 내리며 운전기사에게 큰 목소리로 "감사합니다!"라고 말하는 풍경을 보면 저절로 미소가 떠오른다. 그러나 우리는 어른이 되면서 더 이상 감사하다는 말을 하지 않게 된다.

요금을 지불한다고는 해도 그 운전사가 없다면 목적지에 도착할 수 없다. 감사함을 표현한다고 해서 요금을 더 내는 것도 아니다. 감사함을 표현하면 운전하는 사람도 보람을 느낄 것이다. 그래서 나는 늘 버스에서 내릴 때 "감사합니다."라고 말한다.

그러나 이런 간단한 일에도 처음에는 준비가 필요했다. 요금을 내기 위해 준비할 때부터 가슴이 두근거렸다. 다른 사람들은 거의 하지 않는 행동이기 때문이다. 그러나 여러 번 반복하니 일부러 생각하지 않아도 버스에서 내릴 때 감사의 말이 나오게 되었다. 습관이 된 것이다.

친절과 웃음도 습관이다

출근길에 앞서 가던 누군가가 손수건을 떨어뜨렸다면, 우리는 반사적으로 그것을 주워준다. 생각해서 하는 행동이 아니라, 친절을 베푸는 습관이 있어서다. 내가 뉴욕에 갔을 때 감동했던 것은 무거운 유모차를 옮기는 사람들을 마주할 때마다 반드시 누군가가 망설임 없이 도와준다는 것이었다. 반사적으로 다른 사람에게 친절을 베푸는 습관이었다. 누군가를 도와주고 싶다고 생각하다가도 조금 망설여본 적 없는가?

의지력은 단순히 에너지나 노력으로 줄어드는 것이 아니라, 감정으로 회복된다는 것을 떠올리자. 사소한 친절은 모두에게 기뿜을 준다. 친절을 베푼 후에는 자신의 과제에 더욱 열심히 몰두하게 될 것이다.

멋진 미소는 타인에게도 전염된다. 예전에 나는 웃는 것이 서툴러 입 주변의 표정근육이 굳어 있었다. 그래서 집에서 거울을 보면서 웃는 습관을 만들었다. 조금 이상하게 들리겠지만, 계속하다 보니 거울을 보기만 해도 자동적으로 웃게 되었다. 지금도 다른 사람에게 미소를 보이는 것은 불편하지만, 습관적으로 하다 보니 사진을 찍을 때 예전보다 조금은 더 자연스럽게 미소 짓게 되었다.

자동적으로 생각이 미치는 것

중요한 일을 일일이 따져보지 않아도 자동적으로 생각이 미치게 되는 것, 중요한 일을 잊지 않고 그저 매일 실행하는 것, 그것이 사고의 습관이다. 몇 번씩 반복해서 선택해온 가치관은 언젠가 습관이 된다. 그렇게 되면 의식적으로 판단하지 않고도 선택하게 된다.

작가 다카시로 츠요시는 자신의 저작을 킨들 언리미티드(Kindle unlimted, 아마존에서 제공하는 무제한 전자책 구독 서비스 – 옮긴이)에 넣을 것이냐는 질문을 받고 이렇게 답했다.

"새로운 쪽으로."

무언가 선택지가 있을 때는 상세하게 조사하기보다 일단 새로운 쪽을 고른다. 예술가 오카모토 다로가 선택하는 선택지도 항상 정해져 있었다. 그는 항상 실패할 것 같은 쪽으로, 어려운 쪽으로 도전했다. 선택지를 의식하고 고민하는 것이 아니라, 습관에 따라 즉시 결정한다. 사실 사람에게는 모든 선택지를 상세하게 검토하고 어느 것이 최선인지 고르는 능력이 없다. 그러나 자신이 믿는 가치관으로 고른 선택지라면 결과가 어떻든 받아들일 수 있다. 사람이 할 수 있는 것은 자신이 고른 선택지가 최선이라고 믿는 일뿐이다. 때문에 그것을 알고 있는 사람은 일단 판단의 속도가 빠르다.

습관은 지금 이 순간에도 만들어지고 있다

윌리엄 제임스는 습관을 '수로를 뚫는 물'에 비유했다. 아무것도 없는 곳에 물이 흐르면 처음에는 흐르는 길이 없으므로, 물은 확산되기만 하고 제대로 흐르지 않는다. 그러나 계속해서 물이 흐르는 동안 길이 생기고, 길은 깊고 넓어진다. 습관도 마찬가지다.

사람은 하루 종일 생각한 대로 되어간다는 말이 있다. 사람은 하루에 7만 가지 생각을 한다고 한다. 그 생각들이 제각각 자기 안에서 반응하고, 조금씩 영향을 미치는 것이다. 그의 생각이 그 사람의 인격을 만든다.

신은 너무 바빠서 모든 사람을 봐주지 못한다. 그러나 우리의 뇌는 우리가 생각하는 것과 눈으로 본 것들에 지금 이 순간에도 영향을 받아서, 계속 습관을 만들고 있다.

내가 빈둥거리며 게으름을 피우던 반년 동안, 즐거운 일도 분명 있었다. 그러나 성장하는 기쁨이나 만족감이 없어서 괴로웠다. 게으름을 피우거나, 즐거움만 있는 상태는 자기긍정감도 자기효능감도 없는, 정말 괴로운 상태다.

한편, 열심히 사는 사람들도 괴로움을 느낀다. 수입이나 칭찬 등 보상은 많아 보일지도 모르지만 노력에는 괴로움이 따르고, 커뮤니티나 팔로워에게 느끼는 압박도 크다.

이치로는 다시 태어나도 같은 길을 선택하겠느냐는 질문에 단호히 아니라고 답했다. 여기서부터는 내 상상이다. 계속해서 좋은 결과를 내도 이치로 정도의 수준이 되면, 점차 그것이 당연하게 여겨진다. 나이를 먹어도 당연히 뒤처지지 않을 것이라고 믿는다. 이치로라서 그럴 것이다. 평가 자체가 최고의 수준에 이르게 되면 얻을 수 있는 보상이 적어지는 것 아닐까?

24시간 내내 의지력을 발휘할 수 있는 사람은 없다

의지력은 기를 수 없다. 그것은 감정과 이어져 있고, 덧없는 것이기 때문이다. 그 증거는 '일류'라고 불리는 사람들의 행동에 있다. 프로 스포츠 선수가 마약이나 섹스 중독에 빠지거나 도핑의 유혹을 이기지 못하기도 한다. 정치가든 영화감독이든 성공한 사람들은 스캔들이 무수하다. 에릭 클랩튼Eric Clapton이나 브래드 피트Brad Pitt도 알코올 의존증에 빠진 적이 있고, 축구 선수 지네딘 지단Zinedine Zidane의 은퇴 시합은 박치기 반칙으로 끝이 나고 말았다.

그래미상 7관왕을 거둔 브루노 마스Bruno Mars는 2018년, 4년 만에 일본에서 콘서트를 열었다. 그런데 그는 라이브 도중, 맨 앞자리에서 스마트폰으로 셀카를 찍던 관객에게 화를 내며 수건을 던졌다. 그가 아무리 성공했다고 해도 당시 그는 웃고 있던 관객들보다 행복하지 않았을 것이다.

이렇듯 어디까지나 사람은 사람이다. 그러나 사람들은 뛰어나거나 책임감 있는 사람에게 24시간 의지력을 요구한다. 하지만 그럴 수 있는 사람은 어디에도 없다. 의지력은 감정과 결합되어 있기 때문이다. 감정 없는 인간은 없다.

그래서 그들을 좀 더 일반적인 한 사람의 인간으로서 봐주어야 한다. 적어도 무언가 한 가지를 실패했을 때, 그 사람이 달성한 다른 모든 것까지 부정하는 것은 이상한 일이다. 사람은 언제나 어리석지만, 그렇기에 사랑해야 한다.

누구나 그럭저럭 행복하고 그럭저럭 불행하다

사람은 원하는 것을 손에 넣어도 계속 기뻐하지 못한다. 진화심리학자 대니얼 네틀Daniel Nettle은 이런 인간의 습성을 이렇게 비유했다.

"딸기밭이 마음에 들어도 강 건너에 좋은 연어 어장이 있을지 모른다고 생각한다."

살아가는 데는 딸기밭만으로 충분하며, 새로운 도전도 하지 않는 것이 편안하다. 그러나 그래서는 왠지 성에 차지 않는다. 생물학적인 설명은 이렇다. 가지고 있는 것(딸기밭)을 과대평가하면 환경이 바뀔 때 살아남지 못한다. 새로운 식량을 찾아낼 수 있으면 딸기밭이 없어도 살아남을 수 있다. 그래서 사람은 계속해서 새로운 것을 원한다.

지금 가진 것에 싫증내지 않고 만족하는 편이 행복할 것이다. 하지만 본능은 지금 가진 것을 싫증내고, 새로운 것을 원한다. 그래서 시간이 지나면 고민하고 불안해한다. 사람은 불안 찾기 종목의 천재이기 때문이다. 사람은 어떤 환경에도 익숙해지고, 곧 싫증을 낸다. 인류는 그 본능 덕분에 이렇듯 번영했다.

고민과 불안을 자신의 문제로 여기기보다 인간의 선천적 본능으로 생각하는 편이 낫다. 음악가 마에노 겐타에게는 이런 제목의 곡이 있다. '고민, 불안, 최고!!' 그것들과 언제까지나 함께할 필요가 있다면 차라리 친구가 되는 것이다.

전작을 통해 나는 뼈저리게 알았다. 크게 성공했지만 다음 목표가 생기고, 그다음도 제대로 하고 싶은 마음이 들었다. 이다음도 같을 테니 스스로 만족감을 쌓아가는 수밖에 없을 것이다. 그리고 나는 이미 행복이 무엇인지 별로 생각하지 않게 되었다.

안심하고 잠들고, 부족하지 않게 먹을 수 있으며, 마음에 맞는 친구와 사랑하는 사람이 있다. 그것이 채워지고 나면 사람은 어떤 상황에서도 그럭저럭 행복하고 그럭저럭 불행하다.

괴로움이라는 짝꿍

나는 처음 습관 만들기를 시작했을 때, 괴로움과 즐거움에 대해 이런 식으로 생각했다.

- 먼저 괴로움을 느끼고 그 후에 즐거움을 느낀다. = 노력
- 먼저 즐거움을 느끼고 그 후에 괴로움을 느낀다. = 게으름

고통과 즐거움이 찾아오는 순서가 다를 뿐, 노력과 게으름은 거의 같은 행위라고 생각했다. 게다가 습관을 지속하다 보니 고락이 무엇인지 더욱 모르게 되었다. 노력하는 중에는 당연히 괴로움과 고통이 찾아온다. 그러나 그 행위가 끝나면 만족감이 찾아온다. 그것을 몇 번이나 반복하면서, 지금 내가 느끼는 괴로움이 있기에 그 후에 만족감이 찾아온다는 것을 알게 되었다.

무언가를 지속했을 때 자신이 지금 느끼는 것이 괴로움인지, 즐거움인지 확실히 말할 수 없게 된다. 괴로움과 즐거움의 시간축이 확 가까워져서, 거의 겹쳐진 것처럼 느껴진다. 지금 느끼는 괴로움 속에 즐거움이 나타나는 것처럼 고락을 동시에 느끼게 된다. 습관이 되어도 괴로움이 없어지지는 않는다. 그러나 괴로움이 있

다는 것 자체에 익숙해져, 마치 괴로움을 단골손님처럼 생각된다.

예전에 나는 괴로움을 가능한 한 줄이는 것이 좋다고 생각했는데, 아무래도 틀린 듯하다. 승려 나가이 소초쿠는 불도의 수행에 대해 이렇게 말했다. 청소도 수행의 하나지만 '여기는 깨끗하니까 청소하지 않아도 괜찮겠지.' 하는 판단을 철저하게 배제하는 일을 배우게 된다고.

"이거 해라, 저거 해라 하면, 네네 하고, 생각할 틈이 없을 정도로 시키는 일을 하는 동안에는 해야 할 일에만 집중하게 됩니다. 그럴 때는 손해인지 이득인지, 고통인지 즐거움인지 스스로 판단하는 일이 적어집니다. 그렇게 득실, 고락의 차이가 없어지는 일이 득도입니다."

나는 지금까지 괴로움과 경쟁해서 이기면, 그것을 웃도는 즐거움을 얻을 수 있다고 생각해왔다. 그러나 이제는 눈앞에 있는 괴로움을 이전과는 다른 시선으로 바라보기 시작했다. 경쟁을 뜻하는 'compete'는, 본래 라틴어로는 '함께 싸우다.'라는 의미라고 한다. 나는 지금 형사 영화의 총격전처럼 괴로움이라는 믿음직스러운 파트너에게, 내 뒤를 안심하고 맡긴 기분이 든다.

달리면서 생각하고 생각하면서 달린다

종종 이런 풍경을 상상한다. 과거에 나는 줄곧 마라톤을 동경해왔지만, 달리고 있는 선수들이 나와 전혀 다른 수준이므로, '응원이나 해야겠다.'라고 생각하며 오랫동안 관중석에 있었다.

그리고 실제로 달리지 않고, 마라톤을 완주하는 방법이 적힌 매뉴얼 책을 읽었다. 지금 생각해보니 그때 나는 추한 모습으로 달리다가 창피를 당할까 봐 무서웠던 것 같다. 어느 날 나는 용기를 내어 마라톤에 참가하기로 했다. 대회장에서 나는 불안해서 신발 끈을 몇 번이나 고쳐 묶고 정성껏 스트레칭을 반복했다.

그러는 사이 다른 선수들은 이미 트랙 주위를 돌기 시작했다. 마치 선수들이 곧 파이널 테이프를 끊으려고 할 때, 나는 그 옆에서 간신히 스타트를 끊은 것 같았다.

시작부터 상당히 늦고 말았다. 내가 골인할 때쯤 대회장 정리도 끝나고 아무도 없으면 어쩌나 하고 걱정도 되었다. 그러나 간신히 알았다. 아무리 늦게 돌아와도, 시간 내에 골인할 수 없다고 해도, 내가 만족할 수 있다면 그것으로 된다. 내가 있는 곳은 관중석도, 텔레비전 앞도 아니다. 지금 내가 달리고 있는 곳은 분명 선수들과 같은 트랙이다.

고통이 말했다.

“지금부터는 더 고통스러울 수도 있어. 그냥 관둘래?”

나는 답한다.

“아니, 누구한테 하는 말이야?”

자, 신발 끈을 묶었다면 한번 달려봐야 하지 않을까?

마치며

내가 들인 마지막 습관

이 책의 집필은 매일이 난항이고 좌초였다. 매일 원고를 쓰는 습관이 만들어지지 않았기 때문이다. 그것은 내가 들인 마지막 습관이었다.

다음 책의 주제를 '습관'으로 하자는 하늘의 계시가 내려온 것은 2016년 1월 7일, 오차노미즈를 향하던 전철 안이라고 일기에 기록되어 있다. 그로부터 이 책을 쓰기까지 2년 반이 걸렸다. 어째서 그렇게 오래 걸렸을까? 지금에야 그 이유를 알겠다.

작가 존 업다이크의 말 "글을 쓰지 않는 일은 굉장히 편해서 그것에 익숙해지면 다시는 글을 못 쓰게 된다."에 공감할 수밖에 없었다. 나도 정말 글을 쓰지 않는 일이 익숙해서 그것이 습관이 된 것이다.

그래서 이 책은, 책을 쓰면서 배운 습관에 관한 지식이 없었다면 쓸 수 없었을 것이다.

이 책에서 언급한 모든 연구자, 크리에이터, 운동선수들께 감사드린다. 이 책은 내가 썼다기보다 그분들의 말을 내 마음대로 소화하고, 편집해서 다시 정렬한 것이다. 그분들의 노력에 그저 탄복할 뿐이다. 또한 부모님께 감사드리는 마음은 신기하게도 전작을 쓸 때와 같다. 마시멜로 실험의 월터 미셸은 육아에 대해 이런 말을 했다. 부모가 과도하게 제어한 아이가 아니라 선택과 자율성을 존중받은 아이가 마시멜로 실험에서 성공하는 기술을 얻었다고.

나는 내 자신이 의지가 약한 사람이라고 생각했지만, 내가 지금 실천하는 습관들은 결국 부모님이 키워주신 것들과 연관되어 있다. 내가 운동을 시작한 것은 29세 때였는데, 그것이 그 해에 돌아가신 아버지의 영향이었다는 것이 최근 떠올랐다. 아버지가 나에게 "너는 운동을 열심히 하고, 절제하는 생활을 해라."라고 당부하셨기에 나는 운동을 시작했다. 그러고 보니 내가 마라톤을 하게 된 것은 마라토너였던 어머니의 영향이었다. 두 분께 정말 감사드린다.

습관을 만드는 비법 중 하나는 '선언하기'다. 그렇게 자신에게 압박을 가한다. 나도 다음 작품의 주제를 여기에 공표해두려고 한다. 이 책에서도 다뤘던, 술을 끊는 일에 관해 조금 더 자세하게 쓰고자 한다. 제목은 '즐거운 금주'가 어떨까. 술을 마시는 것은 즐겁지만, 금주도 즐거운 일이다. 끊고 싶지 않은 사람에게는 권하지 않을 테니 안심하기 바란다.

전작 《나는 단순하게 살기로 했다》가 여러 나라에서 번역되었고, 해외 출판사 관계자들은 "사사키 후미오의 다음 책도 꼭 번역하고 싶다."라고 말해주었다. 당시에는 그저 압박이라고 생각했지만 그분들과, 출간 전에 책을 예약주문했다고 말해주신 독자 여러분들의 기대에 부응하고 싶은 마음이 없었다면 분명 책을 끝까지 쓸 수 없었을 것이다.

나는 독신인 채 시골에 틀어박혀서 살고 있다. 아마 앞으로도 이렇게 살아갈 것이다. 그렇지만 다른 사람을 위해서가 아니라면 글을 쓸 수 없다. 역시 사람은 사람을 위해 살아가는 것이라는 생각이 새삼 들었다.

– 사사키 후미오

참고문헌

월터 미셸 지음, 안진환 옮김, 《마시멜로 테스트》, 한국경제신문사, 2015.

그레고리 번스 지음, 권준수 옮김, 《만족 : 뇌과학이 밝혀낸 욕망의 심리학》, 북섬, 2006.

데이비드 이글먼 지음, 김소희 옮김, 《인코그니토》, 쌤앤파커스, 2011.

고쿠분 고이치로 지음, 《중동태의 세계 의지와 책임의 고고학中動態の世界 意志と責任の考古学》, 이가쿠쇼인, 2017.

조너선 하이트 지음, 권오열 옮김, 《행복의 가설》, 물푸레, 2010.

메이슨 커리 지음, 강주헌 옮김, 《리추얼》, 책읽는수요일, 2014.

대니얼 네틀 지음, 김상우 옮김, 《행복의 심리학》, 와이즈북, 2006.

대니얼 길버트 지음, 서은국, 최인철, 김미정 옮김, 《행복에 걸려 비틀거리다》, 김영사, 2006.

로이 F. 바우마이스터, 존 티어니 지음, 이덕임 옮김, 《의지력의 재발견》, 에코리브르, 2012.

앤절라 더크워스 지음, 김미정 옮김, 《그릿》, 비즈니스북스, 2016.

켈리 맥고니걸 지음, 신예경 옮김, 《왜 나는 항상 결심만 할까?》, 알키, 2012.

이언 에어즈 지음, 이종호, 김인수 옮김, 《당근과 채찍》, 리더스북, 2011.

찰스 두히그 지음, 강주헌 옮김, 《습관의 힘》, 갤리온, 2012.

그레첸 루빈 지음, 유혜인 옮김, 《나는 오늘부터 달라지기로 결심했다》, 비즈니스북스, 2016.

스티븐 기즈 지음, 구세희 옮김, 《습관의 재발견》, 비즈니스북스, 2014.

로빈 S. 샤르마 지음, 정영문 옮김, 《내가 죽을 때 누가 울어줄까》, 산성미디어, 2000.

윌리엄 제임스 지음, 정양은 옮김, 《심리학의 원리》, 아카넷, 2005.

이케가야 유지 감수, 《뇌와 마음의 구조脳と心のしくみ》, 신세이 출판사, 2015.

이케가야 유지 지음, 김성기 옮김, 《착각하는 뇌》, 리더스북, 2009.

이케가야 유지 지음, 이규원 옮김, 《단순한 뇌, 복잡한 나》, 은행나무, 2012.

이케가야 유지 지음, 최려진 옮김, 《뇌는 왜 내 편이 아닌가》, 위즈덤하우스, 2013.

이케가야 유지, 이토이 시게사토 지음, 박선무, 고선윤 옮김, 《해마》, 은행나무, 2006.
《뉴턴 별권 뇌력의 구조脳力のしくみ》, 뉴턴프레스, 2014.
톰 잭슨 지음, 《뇌The Brain: An Illustrated History of Neuroscience》, Shelter Harbor Press, 2015.
스티븐 킹 지음, 김진준 옮김, 《유혹하는 글쓰기》, 김영사, 2002.
안도 주고 지음, 《유전자의 불편한 진실-모든 능력은 유전이다遺伝子の不都合な真実—すべての能力は遺伝である》, 지쿠마쇼보, 2012.
고이데 요시오 지음, 《마라톤은 매일 달려도 완주할 수 없다マラソンは毎日走っても完走できない》, 가도카와SS커뮤니케이션즈, 2009.
무라카미 하루키 지음, 임홍빈 옮김, 《달리기를 말할 때 내가 하고 싶은 이야기》, 문학사상, 2016.
가쿠타 미츠요 지음, 이지수 옮김, 《어느새 운동할 나이가 되었네요》, 글담, 2018.
우메하라 다이고 지음, 《계속 승리하는 의지력勝ち続ける意志力》, 쇼가쿠칸, 2012.
고니시 게이조 지음, 《이치로의 방식イチローの流儀》, 신초샤, 2009.
후쿠오카 마사노부 지음, 최성현 옮김, 《짚 한 오라기의 혁명》, 한살림, 2005.
로버트 M. 슈워츠 지음, 김정한 옮김, 《다이어트 절대 하지 마라》, 샘터, 2006.
유메마쿠라 바쿠 원작, 다니구치 지로 글·그림, 홍구희 옮김, 《신들의 봉우리》, 애니북스, 2009.
요시모토 고지, 미야자키 마사루 지음, 《블랙잭 창작 비화-데쓰카 오사무의 작업실에서ブラックジャック創作秘話-手塚治虫の仕事場から-》, 아키타쇼텐, 2012.
엔도 히로키 지음, 《올라운더 메구르オールラウンダー廻》, 고단샤, 2012.
〈생각하는 사람考える人〉, 2010년 8월호, 신초샤, 2015.
〈프레지던트PRESIDENT〉. 2016년 2월 15일호, 프레지던트사.
〈내셔널 지오그래픽National Geographic〉, 2017년 9월호 , 닛케이 내셔널 지오그래픽사.
〈신조新潮〉, 2018년 4월호, 신초샤.
〈아에라AERA〉, 2018년 3월 26일호, 아사히신문출판.

지은이 사사키 후미오

편집자이자 미니멀리스트. 1979년에 태어났으며 와세다대학교 교육학부를 졸업했다. 갓켄출판의 아이돌 잡지 〈붐〉 편집부, 인파스 퍼블리케이션즈의 월간 문화잡지 〈스튜디오 보이스〉 편집부를 거쳐, 출판사 와니북스에서 근무했다. 2014년 크리에이티브 디렉터인 누마하타 나오키와 함께 미니멀리즘에 관한 기록을 남기고자 'Minimal&ism-less is future'라는 홈페이지를 개설했으며, NHK '오하요우 니혼' 미니멀리스트 특집 방송에 출연하면서 이름을 알렸다. 미니멀리즘을 소개한 저서 《나는 단순하게 살기로 했다》는 일본에서 16만 부 이상 팔렸고, 해외 21개국에 번역되어 베스트셀러가 되었다. 현재 웹 매거진 〈와니북아웃 WANIBOOKOUT〉에서 '나는 죽기 전에 하고 싶은 일을 한다!', 월간지 〈무스비〉에서 '반경 5m에서의 환경학'을 연재 중이다.

옮긴이 정지영

대진대학교 일본학과를 졸업한 뒤 출판사에서 수년간 일본도서 기획 및 번역, 편집 업무를 담당하다 보니 어느새 번역의 매력에 푹 빠져버렸다. 현재는 엔터스코리아에서 출판기획 및 일본어 전문 번역가로 활동 중이다. 주요 역서로는 《비주얼 씽킹》, 《기적의 집중력》, 《1등의 생각법》 외 다수가 있다.

표지, 본문 그림 드로잉메리

즐거움을 만드는 일러스트레이터이자, 즐거움을 그리는 '메리사marysa' 대표. 출판, 광고, 브랜드 협업 등 다양한 분야에서 그림 작업을 하고 있다. 지은 책으로는 최초의 아크릴물감 컬러링 아트북 《Merry Summer》, 《Merry People》이 있다.
인스타그램 @drawingmary

나는 습관을 조금 바꾸기로 했다

2019년 2월 11일 초판 1쇄 | 2024년 1월 4일 62쇄 발행

지은이 사사키 후미오 **옮긴이** 정지영
펴낸이 최세현 **경영고문** 박시형

책임편집 최세현
마케팅 양근모, 권금숙, 양봉호 **온라인홍보팀** 신하은, 현나래, 최혜빈
디지털콘텐츠 김명래, 최은정, 김혜정 **해외기획** 우정민, 배혜림
경영지원 홍성택, 강신우, 이윤재 **제작** 이진영
펴낸곳 ㈜쌤앤파커스 **출판신고** 2006년 9월 25일 제406-2006-000210호
주소 서울시 마포구 월드컵북로 396 누리꿈스퀘어 비즈니스타워 18층
전화 02-6712-9800 **팩스** 02-6712-9810 **이메일** info@smpk.kr

ISBN 979-11-6534-295-1 (03320)
